왜
원전을
폐기해야
하는가

Written by Gerd Rosenkranz

Mythen der Atomkraft. Wie uns die Energielobby hinters Licht fuehrt
© oekom Verlag, Waltherstrasse 29, 80337 München, Germany
All rights reserved.

Korean Translation Copyright © Green Spinach Publishing
Korean edition is published by arrangement with oekom Verlag
through ChokoBux Agency

지구 곳곳이 후쿠시마다
왜 원전을 폐기해야 하는가

1판 1쇄 찍은 날 _ 2011년 11월 10일
1판 1쇄 펴낸 날 _ 2011년 11월 17일
지은이 게르트 로젠크란츠
옮긴이 박진희, 정계화
펴낸이 송영민
디자인 DesignZoo 장광석
교정 교열 고영란
펴낸곳 시금치
등록 2002년 8월 5일 제 300-2002-164호
주소 서울시 종로구 부암동 130-2번지 A동 501호
전화 (02) 725-9401
전송 (02) 725-9403

ISBN 978-89-92371-12-4 03330
값은 뒤표지에 있습니다.

이 도서의 국립중앙도서관 출판시도서목록(CIP)은 e-CIP홈페이지(http://www.nl.go.kr/ecip)와 국가자료공동목
록시스템(http://www.nl.go.kr/kolisnet)에서 이용하실 수 있습니다.(CIP제어번호 : CIP2011004790)

지구 곳곳이 후쿠시마다

게르트 로젠크란츠 지음 | 박진희·정계화 옮김

왜 원전을 폐기해야 하는가

시금치

원자력의 드라마를
언제까지 바라만 볼 것인가?

25년 전 체르노빌(Tschernobyl)에서 대형 원자로 폭발사고가 났을 때, 세계의 많은 사람들은 이제 원자력 발전(發電)이 끝날 것으로 예상했다. 이 사건 이후 세계 각국에서는 새로운 원자력발전소 건설 계획들이 보류되었고, 스웨덴과 독일은 원자력발전을 그만두겠다는 선언을 하기도 했다.

그런데 시간이 지나면서 '체르노빌'이라는 이름이 주는 충격과 공포는 또다시 힘을 잃어갔다. 독일 연방정부는 '탈(脫)원자력'이라는 사회적 합의를 무력화시켰고, 전 세계적으로도 '핵에너지 르네상스'가 도래할 것처럼 원자력의 장점이 부각되기까지 했다.

하지만 '원자력'은 지금 우리의 눈앞에서 자신의 드라마를 새롭게 연출하고 있다. 2011년 3월 11일에 발생한 후쿠시마(Fukushima) 원자력발전소 사고는 세상의 그 누구도 예상하지 못한 드라마이다. 물론 후쿠시마 원자력발전소 직원들은 더 큰 재앙을 막기 위해 지금도 필사적으로 싸우고 있다. 후쿠시마에서 채 300킬로미터도 떨어지지 않은 곳에 바로 도쿄 일원의 인구밀집 지역(약 3500만 명이 모여 살고 있음)이 있기 때문이다.

그렇다면 이제 '후쿠시마'가 또다시 원자력시대의 종말을 알리는 새로운 징표가 될 것인가? 우선 살펴볼 것으로, 일단 원자력 로비(Atomlobby)가 정치와 에너지수급 경제(Energiewirtschaft) 영역에서 수세에 몰리게 되었다는 것은 확실해 보인다. 이것은 적어도 위험기술의 이용이 상명하달 식으로 단순하게 실행되지 않는 민주주의 체제 국가들에서 그러하다.

서방국가들은 체르노빌 사건을 완전히 주저앉은 공산체제의 무능력 때문인 것으로 치부할 수 있었다. 하지만 후쿠시마의 경우는 전혀 다르다. 오늘날 우리가 목격한 후쿠시마의 원전 사고는 고도로 산업화된 문명국가에서 벌어진 일이다. 더구나 이 국가는 자타가 공인하는 높은 수준의 '위험관리 문화'를 가지고 있는 곳이지 않은가.

물론 이번 원전사고는 자연재해에 의해 야기되었다. 그리고 자연재해로 인해 인간의 기술문명이 순식간에 치명적인 손상을 입을 수 있다는 점도 아주 분명하게 보여주었다. 자연재해와 산업적 재앙은 서로 쉽게 전이되며, 그렇기 때문에 자연재해로 인해 대형 원자로가 파손되면 그 주변 지역에 살고 있는 수십만의 인구를 급히 분산, 대피시켜야 한다.

하지만 도쿄와 같은 초거대 도시에서는 지금의 원전사고가 어떻게 진행되어갈 것인지, 불어오는 바람이 과연 어디로 향할 것인지 그저 대책 없이 바라볼 수밖에 없다. 원전사고로 일본에선 물류이동과 항공교통, 전기와 용수 공급이 대규모로 제한되고 있다. 산업 생산은 전반적으로 붕괴하고 증권 시세는 바닥을 치고 있다. 국가 전체가 비상상태를 맞이해 완전히 비틀거리는 상황이다.

지금 일본에서 벌어지는 일을 보며 독일이 '탈원자력'을 강하게 주장하는 것은 지나친 과민반응일까? 분명 아니다. 물론 이러한 반응의 저변에는 두려움이 깔려 있는 것도 사실이지만,

이를 뒷받침하는 합리적인 '진실'이 분명히 있다.

원자력 로비스트들이 항상 주문처럼 되뇌는 그 '안전성'이란 것은 이제 믿을 수 없는 사실이 되었고, 더 이상의 증명이 필요하지도 않다. 과거에 남아 있던 위험성들이 결국 오늘의 현실에 재앙을 불러오는 것을 보면, 절대로 일어나지 않을 것만 같은 일들이 순식간에 재앙으로 번지는 것은 이제 시간 문제일 뿐이다. 오늘날의 안전기준을 적용할 때 결코 인가하기 어려운 낡은 원전시설들을 그대로 유지한 채, 이러한 시설들이 앞으로의 전력공급망에 오랫동안 머물면 머물수록 그 시간은 점점 앞당겨질 것이다. 그리고 재앙의 위험성은 더 높아질 것이다.

원자력 로비스트들은 세상의 그 어떤 국가도 독일의 탈원자력 노선을 따르지 않을 것이라고 자주 강조해왔다. 하지만 그들이 강변하는 '원자력의 부흥기'는 일본의 후쿠시마 사태 이전부터 이미 삐걱거렸다. 전 세계 원자력발전소의 숫자는 실제로 계속해서 줄어들고 있기 때문이다.

앞으로 15~20년 동안은 새롭게 건설되는 원자력발전소의 숫자보다 전력공급망에서 사라지는 낡은 원자력발전소의 수가 더 많아질 것이다. 또한 그 어떤 기업도 국가보조금과 공공기관의 보증 없이는 원자력발전소의 신축에 나서려 하지 않을 것이다. 실제로 보면 국가와 에너지수급 경제가 신성하지 못한 동맹을 맺고 있는 곳에서만 원자력발전소가 건설되고 있다. 게다가 건설에 드는 비용도 폭발적으로 상승하고 있다.

예를 들어 핀란드의 올킬루오토(Olkiluoto)에 들어설 새로운 원전의 건설비는 54억 유로(EUR)로 산정되고 있다. 이는 30억 유로라는 당초 산정가보다 무려 15억 유로나 많다. 여기엔 물론, 모든 원전들이 여전히 해결하지 못하는 천문학적인 최종 핵폐기물처리장, 발전소의 최종 폐쇄와 아주 높은 고장의 취약성에 들어가는 비용들이 더해지지 않은 것이다. 일본에서 일어난 일련의 사고의 영향으로 원전의 안전기준은 앞으로 더욱 강화될 것이며, 따라서 원자력발전에 드는 비용도 계속해서 상승하게 될 것이다.

이뿐만이 아니다. 원자력의 지속적인 확산으로 핵무기 확산의 위험성도 함께 높아진다. 민간 영역에서 평화적으로 원자력기술을 활용하는 것과 군사적인 원자력기술의 활용은 마치 샴쌍둥이머리나 신체의 일부가 붙은 채로 출산되는 기형 쌍둥이—옮긴이와도 같이 둘을 분명하게 가르는 절대구분선이 존재하지 않는다.[1] 이란의 원

[1] 1950년대에 원자력발전이 시작될 때만 해도 영국과 프랑스에서는 전력공급용 목적보다는 핵무기 생산에 필요한 플루토늄 획득을 목표로 하고 있었다. 전력공급에 사용되는 원자력기술은 원리적으로 핵무기 재료 생산 기술과 분리될 수 없는 것이어서 원자력기술을 군사용과 민간용으로 구분하기는 어렵다. 최근 개발되는 4세대 원자로의 경우 이런 플루토늄 생산을 원리적으로 불가능하게 하는 원자로 설계를 지향하고 있는데, 이 경우는 민간용 원자로라고 명명할 수 있다.—옮긴이

자력 프로그램은 이를 잘 입증해준다. 마찬가지로 원자력기술을 세계 도처에 수출하면서도 동시에 핵무기 확산을 막겠다는 것은 공상이다.

나아가 원자력이 기후변화에 영향을 주지 않는다고 주장하는 것도 원자력을 찬성하는 논거가 되기 어렵다. 핵에너지에는 기후보호에 결정적으로 기여할 수 있는 잠재력이 없기 때문이다. 현재 인류는 일차에너지[2] 소비의 6퍼센트 가량을 전 세계에 건설된 총 436기 원자로 2011년 4월 현재 전세계 원자로는 437기이다.─옮긴이 로 충당하고 있다. 원자력을 통해 이산화탄소 배출량을 현저하게 줄이려면 인류는 앞으로 1000~1500기의 원자로를 더 지어야 할 텐데, 이것은 공포의 시나리오가 아닐 수 없다.

독일 연방정부는 원자력이 태양에너지로 전환하는 길목에서 다리 역할을 할 수 있다고 언제나 되뇌어왔다. 하지만 원자력은 사실상 다리로서도 그리 쓸모 있지 않다. 가까운 미래에 전력 수요가 줄어들고 기상 상황이 받쳐준다면 풍력에너지만으로도 독일 전체의 전력 수요를 충당할 수 있기 때문이다. 반면에 대형 핵발전이나 석탄을 때는 대형 화력발전의 경우, 전기 생산량

[2] 특별한 가공 없이 자연 상태에 매장되어 있는 연료를 그대로 사용해 얻는 에너지. 이를테면 석탄, 석유, 바람 등이며, 원자력발전의 원료인 우라늄도 일차에너지원에 속한다.─옮긴이

을 신속하게 조절할 수 없기 때문에 오히려 남아도는 전기를 '돈을 쥐가면서까지' 외국으로 수출하고 있는 실정이다.

핵에너지는 재생가능 에너지가 확장될수록 서로간의 첨예한 시스템 갈등을 피할 수 없다. 에너지 공급의 미래는 풍력, 수력, 태양, 바이오매스(biomass: 생물연료) 에너지들과 지역에 분산되어 설치된 가스발전소의 광범위한 결합으로 이루어지게 될 것이다. 물론 이와 병행해서 에너지 효율성에 대한 혁명적인 제고도 함께 요구된다. 만약 지속 가능한 발전의 도상에서 독일이 진전을 볼 수 있다면, 독일은 지구적인 차원에서 에너지 전환을 위한 중심적인 역할을 담당할 수 있을 것이다.

우리 재단이 이 책을 간행할 수 있도록 허락해준 지은이 게르트 로젠크란츠(Gerd Rosenkranz)에게 깊은 감사를 전한다. 그의 책은 독일에서 재판이 출간되었으며, 아주 잘 축약된 형식으로 원자력과 관련된 가장 중요한 지식과 정보를 우리에게 전해준다. 원자력이라는 주제와 관련해 더욱 상세한 정보를 원하는 독자들은 하인리히 뵐 재단의 웹사이트에서 열람할 수 있다. www.boell.de

2011년 3월, 하인리히 뵐 재단 이사
랄프 퓍스(Ralf Fücks)

차례

공포와 두려움의 22분
_포스막 원전사고

2006년 7월 25일 오후 1시 19분, 스웨덴의 포스막(Forsmark)[3] 원자력발전소 외부에서 전기기술자들이 일상적인 정비작업을 하던

---

3) 스웨덴 웁플란트 해안에 있는 원자력발전소. 스웨덴의 핵폐기물 저장소이기도 한 이곳에서 2006년 7월 25일에 심각한 수준의 원전사고가 있었다.―옮긴이

중에 변압장치에서 합선이 일어났다. 사실은 이런 일이 수시로 여기저기에서 일어난다. 특히 거대한 터빈을 돌려서 외부로 어마어마한 양을 송전하는 광대한 발전소 단지에서는 더더욱 그렇다.

만약 정상적인 경우라면, 원자력발전소 인근의 전력망에서 발생한 이런 작은 사고가 원자력발전소를 곤경에 빠뜨리지는 않는다. 모든 원자력발전소에는 이런 사고에 대비하는 안전 시스템이 구축돼 있기 때문이다. 외부에서 발생된 전기 교란이 발전소 내부의 전력망에 영향을 주기 전에 이미 원자로는 교란된 전력망에서 차단이 된다. 최악의 경우에도 원자로는 자동적으로 가동을 멈추고, 이어서 비상냉각 시스템이 작동하면서 원자로는 서서히 위험한 상태에서 벗어나게 된다.

하지만 그 화요일의 포스막에서 정상적인 경우는 없었다. 우선 전력망으로부터 원자로가 너무 늦게 차단되었고, 이 때문에 얘깃거리조차도 못 되는 사소한 사고가 내부 전력망을 교란하여 본격적인 전기적 연쇄작용을 일으키고 만 것이다.

그 결과 제1구역의 비등형 경수로에 설치된 전기안전 시스템이 대부분 붕괴되어 버렸다. 위급한 상황이 발생했을 때 원자로 조절과 비상냉각 펌프에 전력을 공급해야 하는 4대의 디젤발전기 중에서 2대는 전혀 가동되지 않았다. 원자로가 위급한 순간으로 치달았던 22분 동안에 원자로 내부를 관찰할 수 있게 해주는 모니터들은 완전히 꺼져 있었고, 원자로 내부의 핵연료 연쇄반응을 알려주는 계측기의 바늘 역시 아무런 신호도 보내지 않았다. 심지어 비상사태를 알리고 인력과 시설 대피 등을 명령할 방송시설도 조용하기만 했다.

노심에서 핵 연쇄반응을 조절하는 조절봉의 위치와, 원자로 용기 안의 냉각수 상태를 파악할 수 있는 절대적인 정보들도 나오지 않고 있었다. 전혀 작동하지 않던 2대의 디젤발전기를 한 기술자가 직접 손으로 가동시켜 중앙계측장비와 비상안전 시스템에 전력을 공급하는 데 성공하고 나서야 원자로의 장님 비행은 끝이 날 수 있었다.

스웨덴의 원자력감독청인 SKI는 "포스막 원자력발전소 1호기의 비등형 경수로를 일촉즉발의 위기상황으로 몰고 간 주된 원인은 2대의 변환기에 있다"고 지적했다. 변환기 2대가 완전히 작동하지 않았고, 이 때문에 총 4대의 비상전력 시스템 중 2대가 규정대로 작동하지 않았다는 것이다. 물론 이것은 추정일 뿐이다. 곤혹스러웠던 22분 동안의 결정적인 순간에 원자로를 감시하는 대부분의 장치들이 전혀 작동하지 않아서 정확하게 경위를 재구성하는 것은 매우 어려운 일이었고, 이로써 지금까지 풀리지 않는 의문으로 남게 됐다.

전문가들조차 이 사고가 일어난 이유를 제대로 설명할

수 없다는 것은 참으로 걱정스러운 일이다. 작동하지 않았던 나머지 2대의 디젤발전기는 애초에 다른 변환기들과 똑같이 설계된 규정대로 가동되었어야 했다. 그런데 이 2대의 변환기들은 원자로에 최대 부하의 전기가 공급됐을 때 다른 변환기들처럼 작동하지 못했다. 그 이유는 무엇일까?

이에 대해서는 전문가들도 설명해줄 수 없었다. 최종적으로 확실한 점은, 만일 나머지 2대를 작동시키지 못했다면 원자로는 제어불능 상태로 접어들었을 것이라는 점이다. 그렇게 되면 4중의 원자로 안전 시스템이 모두 제대로 가동되지 않았을 것이고, 결국 스웨덴의 원자력감독청이 공식 발표한 바와 같이 "전체 비상전력 설비에서 교류전력의 부재를 야기했을 테고, 결국에는 원자력발전 설비의 안전에 관한 보고서에서는 가정하지 않았던 사고로 이어졌을 것"이다(Gesellschaft fuer Anlagen−und Reaktorsicherheit, 2006).

이런 조그만 사고가 이렇게 엄청난 재앙까지 몰고 올 수 있다는 가능성에 대해서는 그 어떤 편람에서도 예측하지 못했다. 또 이를 제어할 어떤 규정도 마련되지 않았고, 설사 규정이 있다고 해도 예측하지 못한 사고가 일단 일어나면 제어가 불가능하다.

독일에서 가장 오래된 비블리스(Biblis) 원전. 1974년에 상업 운전을 시작했고 2009년에 수명연장이 되었으나, 후쿠시마 사고 이후 2011년 6월에 전력망에서 완전히 퇴출되었다.

원자력은
정말로
안전하다?

인간이 일하는 곳에는 언제나 실수가 따르게 마련이다. 하지만 사고가 일어난 후에 매번 새롭게 '설명할 수 없는 것'으로 결론이 내려지는 그 연쇄적인 오작동들에 대해선 어떻게 해석해야 할까?

2006년 여름날 한낮에 스웨덴의 동부해안에서 일어난 포스막 사건은 핵에너지 사용과 관련해 암흑의 그림자를 드리운 두 곳의 사고를 회상시켰다. 1979년 3월에 미국 펜실베이니아 주 해리스버그의 스리마일 섬에서 발생한 원전사고, 그리고 1986년 4월에 우크라이나 북부의 체르노빌에서 발생한 원전사고이다.

정말로 납득하기 어려운 설계상의 결함들과 핵심설비의 부실한 시공, 용서받을 수 없을 정도로 나태한 안전관리, 그리고 고도로 민감한 기술에 대한 무한한 신뢰… 이것이 원전사고를 일으키는 가장 큰 원인이다.

그러나 이러한 원인을 안다고 해서 사고를 막을 수 있는 게 아니며, 단지 해리스버그와 체르노빌에서만 원전사고가 일어난 것도 아니었다. 영국 셀라필드의 재처리시설에서도 그랬고, 일본 몬주(Monju)의 고속 증식로와 토카이무라(Tokaimura)의 재처리시설에서도 마찬가지였다. 헝가리의 팍스(Paks) 원자력발전소와 독일의 원자력발전소 브룬스뷔텔(Brunsbüttel), 그리고 엘베(Elbe) 강변의 크륌멜(Krümmel)에서도 역시 그랬다.

인간이 일하는 곳에는 언제나 실수가 따르게 마련이다. 하지만 사고가 일어난 후에 매번 새롭게 '설명할 수 없는 것'으로 결론이 내려지는 그 연쇄적인 오작동들에 대해선 어떻게 해석해야 할까? 다행히도 앞에서 예를 든 원전사고들이 1986년의 체르노빌 사고가 보여준 엄청난 재앙 수준의 결과를 초래하지는 않았다는 점에서 우리 인류는 억세게 운이 좋은 편이라고 할 수 있다.

그날 포스막 원자력발전소 제1구역에서—이 발전소는 스웨덴의 수도 스톡홀름(Stockholm)에서 북쪽으로 대략 100킬로미터밖에 떨어져 있지 않다—22분 동안에 일어난 일련의 사건들은 원자로 직원들에겐 그야말로 공포와 전율의 순간이었으며, 원전 운영회사 바텐팔(Vattenfall)의 신뢰성에 대해서는 지울 수 없는 의구심을 남겨놓았다. 스웨덴의 국영기업인 바텐팔에 대한 의구심은 그 뒤 다른 곳에서도, 정확히 말해 독일 소재지인 브룬스뷔텔과 크륌멜에서도 점차 커질 수밖에 없었다.

포스막은 체르노빌의 대폭발사건 이후 유럽의 원자력발전소에서 발생할 수 있는 가장 위험한 사고를 언급할 때마다 떠오르는 이름이 되었다. 그날의 위험했던 순간을 재구성하려던 국내외의 많은 전문가들은 정말로 더 끔찍한 사태가 충분히 일어날 수도 있었다는 사실과 함께 언제 다시 그 끔찍한 사태가 일어날지도 모른다는 사실에 놀라움을 감추지 못했다.

초대형 참사의 위험성

원자력발전을 찬성하는 사람들은 '탈이데올로기화'된 핵

에너지 논의에 매우 즐거워하며 만족스럽게 여긴다. 기후변화와 화석연료의 고갈로 인해서 원자력발전에 대한 기본 논조가 마침내 '사실에 입각한 객관적이고 냉정한' 것으로 바뀌었다고 보는 것이다. 즉, 원자력산업을 옹호하는 사람들은 원자력발전에 관한 정치적·사회적 논의의 중심이 원자력기술의 근원적인 안전성 문제를 떠나 경제성과 기후보호, 그리고 자원관리와 전력수급 안정에 대한 문제로 이동했다는 점을 강조하고 싶어 한다. 지난 수십 년을 거쳐오는 동안 일반 대중들은 원자력을 단지 다양한 에너지기술 가운데 하나로 여긴다는 점, 그리고 원자력을 활용하는 문제도 석탄이냐 천연가스 발전이냐 하는 문제와 마찬가지 선상에서 신중한 검토 대상이라는 것이다.

이렇게 해서 핵분열핵분열 에너지를 활용하는 원자력발전을 일컬음—옮긴이은 점차적으로 경제학자들에 의해 정의되는 환경친화성, 전력공급 안정성, 경제성이라는 삼위일체의 에너지 정책 논의로 통합되었다. 핵에너지의 목표에 '대재앙에 대비하는 안전관리'는 포함되지 않으며, 원자력을 옹호하는 이들은 이런 문제를 심각하게 고민하지 않는다. 원자력 옹호론자들은 원전기술에 내재된 상상할 수 없는 대재앙의 잠재력을 이런저런 논리의 베일 뒤로 감추는 일에 매우 능수능란하다. 그들이 내세우는 논거들은 오직 하나의 목표를 추구한다. 즉, 근원적인 안전성에 관한 기본적인 의구심을 어떻게든 감추면서 관심을 딴 곳으로 돌리려는 것이다. 이는 결단코 우연적인 양상이 아니다. 원자력발전을 주도하는 국가들의 원전 운영자들과 원자로 건설자들이 지금까지 불굴의 끈기로 추구하고 주도면밀하게 촉진시킨 전략적인 노력의 결실이다.

물론 이렇게 문제의 핵심을 딴 데로 돌리는 전략이 성공해서 사회적 논쟁이 잠시 가라앉을 수는 있다. 그러나 대참사가 일어날 가능성으로 인해 이런 논쟁의 필연성은 줄어들지 않는다. 안전 시스템 범위 안에서 '가정할 수 있는 최대의 사고'를 넘어서는 초대형 참사의 위험, 그리고 그 초대형 참사를 결코 배제할 수 없다는 사실은 핵에너지를 둘러싸고 오랫동안 골이 깊어진 갈등의 시발점이었다. 이에 대한 갈등은 지금도 여전히 계속된다. 원전반대주의자들은 바로 이처럼 실제적인 위험에 근거를 두고 있기 때문이다.

해리스버그 스리마일 섬과 체르노빌에서 원전사고가 난 이후로 '그 어떤 재난에도 이제 끄떡없다'는 신형 원자로는 원자력 경제의 확고한 약속이었다. 원자력 경제는 신형 원자로로 원자력기술에 대한 사회적인 동의를 다시 얻게 될 것으로 기대했다. '내부에서 자체적으로 안전한 원자력발전소(inhärent sicheren Kernkraftwerk)'라는 이 의심스러운 표현은 사실 원자로 제작회사들이 이미 30년 전에 만천하에 분명히 천명한 것이었다.

미국에서는 이 신형 원자로를 '워크 어웨이(Walk away)' 원자로라고 불렀다. 이는 노심용융 또는 이에 견줄 만한 심각한 사고들도 물리적으로 소위 '수동적 안전 시스템들'[4]을 통해서 원자로 내부에서 자체적으로 완전히 차단된다는 것으로, 당시 미국 원자로 제작회사들의 경영자들은 이 신형 원자로에 대해 열광적인 찬사를 보냈다.

"생각할 수 있는 모든 최악의 사고가 일어난다 해도 주민들은 아주 편한 마음으로 집에서 점심을 먹고, 여유롭게 낮잠을 즐길 수 있을 것이다. 직장인들은 걱정하거나 두려워할 필요 없이 하던 일을 계속 하기 위해 직장에 돌아올 수 있게 될 것이다(Miller, 1991)"라고 말이다.

물론 이런 오만방자한 예고는 당시 그랬던 것처럼 오늘날

[4] 수동적 안전 시스템은 안전에 필요한 설비 및 장치가 설계와 건설에 포함된 시스템을 말한다. 즉, 사고가 발생했을 때 능동적으로 생산외적인 장치들이 작동되는 게 아니라, 이미 사고 또는 사고의 피해를 최소화하는 설비 및 장치들이 설계와 건설에 구조적으로 포함되어 있는 것이다. 자동차를 예로 들면, 능동적 안전 시스템의 대표적인 예로 에어백을 들 수 있다. 에어백은 사고가 났을 때 능동적으로, 즉 추가적으로 작동되는 안전 시스템이다. 하지만 측면보호대 또는 안전범퍼는 추가적으로 작동하는 게 아니라 이미 자동차의 설계에 구조적으로 내장되는 수동적 안전 시스템이다. 원자력발전소의 경우 비상작동 펌프는 능동적 안전 시스템이지만, 원자로 자체의 설계상 구조적으로 내장되어 녹아내린 노심을 안전하게 가두는 비상 용기는 수동적 안전 시스템이다. 수동적 안전 시스템은 일상적으로 우리가 말하는 '수동적이다' 또는 '능동적이다'라는 의미보다는, 상황에 따라서 기술적으로 적용할 수 있는 훨씬 더 진보되고 발전한 안전 시스템일 수 있다.
—옮긴이

에도 여전히 미래의 약속으로 남아 있다. 1986년에 기술사학자 요하임 라트카우(Jochaim Radkau)는 다음과 같이 말한 바 있다.

"재앙적인 사고에서 완전히 자유로운 원자력발전소는 하나의 공상에 불과하다. 원자력발전소들은 위기 때마다 사람들을 계속 우롱해왔지만, 공상과 같은 이런 원자력발전소는 단 한 차례도 현실화되지 않았다(Radkau, 1986)."

요하임 라트카우의 표현처럼, 세월이 지난 지금도 재앙적인 사고에서 완전히 자유로운 원자력발전소는 존재하지 않는다.

이제 유럽 원자력공동체와 원자력발전소를 운용하는 10개의 나라들은 현재 이미 건설되었거나 건설 예정인 '4세대 원자로'에 대해 공공연하게 떠들고 있다. '먼 미래를 대비하는 원자로'라고 말이다. 하지만 혁신적인 안전기술이 장착된다는 차차기형 4세대 원자로 시리즈도 여전히 미래의 일로 남아 있는 그들의 이전 모델과 마찬가지로 불확실하다.

이 신형 원자로는 전보다 훨씬 더 작고 매우 경제적이며, 군사적인 남용에 덜 취약한 것이라고 한다. 그래서 모든 것을 종합해볼 때 이 원자로는 소위 '인류가 받아들일 만한' 것으로, 2030년부터 이런 유형의 원자로들이 전력을 공급하기 시작할 것이라고 한다. 아무튼 이게 그들의 공식적인 설명이다.

그러나 이처럼 공식적인 설명과 다르게 그들 내부에서

는 의견이 일치하지 않는다. 이를테면 프랑스 전력공급회사(Électricité)의 전 대표이사인 프랑소아 루셀리(Francois Roussely) 같은 저명한 원자력 옹호론자 등은 4세대 원자로의 상업적 가동이 2040년이나 2045년이 되어야 가능할 것으로 내다보는 것이다(Schneider, 2004).

원자력산업은 절대적인 안전보장이 없는 제4세대 원자로의 개발 약속으로 과거의 보증서약마저 은밀히 매장시켜 버렸다.[5] 그리고 이제는 공공연하게 과거에 비해 충분한 안정성을 확보했다고 주장한다. 다시 말해 정치적인 의미에서 활용되거나, 혹은 언론에서 활동하는 비전문가들에 의해 일괄적으로 "우리의 원자력발전소는 세계에서 가장 안전한 원자력발전소입니다"라고 단정하며 이것을 퍼뜨리기만 하면 충분하다는 것이다. 상당히 무책임한 표현인데도 말이다. 특히 독일에서 아주 사랑받고 있는 이런 주장의 진실성을 입증할 만한 확실한 증거는 그 어디에도 없다.

그런데 상식적으로 한번 생각해보자. 1950~1960년대의 지식과 기술수준을 바탕으로 1960~1970년대에 건설된 원자력

[5] 설계수명 동안 안전성을 보장해주기로 했던 원자로 제작사들의 약속을 신형 원자로 개발까지는 어쩔 수 없다는 논리로, 과거에 지은 원자로의 안전성에 대해 사실상 보증할 수 없다는 의미이다.—옮긴이

발전소가 오늘날까지도 여전히 안전에 문제가 없다는 것은 납득하기 어렵다. 프랑스와 스웨덴, 미국, 일본 또는 한국에서 활동하는 원자력 옹호론자들이 이구동성으로 "우리의 원자로야말로 세계에서 가장 안전한 것"이라고 떠들고 다니는 것에 대해 그 누구도 일침을 가하지 않는 한, 우리 모두는 계속 이들의 그럴듯한 주장을 용납하며 살아갈 수밖에 없다.

모든 핵공동체는 자신들의 원자력발전소가 세계적인 수준이라고 강조한다. 그리고 이런 주장에 대해 공개적으로 이의를 제기하는 핵공동체는 세계 어느 곳에서도 찾아보기 어렵다. 이제는 동유럽에서조차도 점차 빈번하게 주장되고 있을 정도이다. 이들의 주장은 지난 15~20년 동안 끊임없는 기술적 보완이 이루어졌고, 과거 소련의 방식으로 건설된 원자로도 서방의 안전기준에 견주어볼 때 손색이 없으며, 몇몇 부분에서는 서방의 안전기준보다 앞선다는 것이다.

그런데 이상한 것은, 원자력 옹호론자들은 그 누구도 이와 같은 '안전'에 관한 언어 규칙에 대해서 공식적인 합의가 필요하다고 생각하지 않는다. 이들이 말하는 지구적 차원의 메시지는 완벽하게 합의돼 있다. "절대로 불안해하지 마십시오. 불안해야 할 이유가 하나도 없습니다"라고 말이다.

실제로 수많은 나라에서 원자력에 대한 불안감이 느슨해

졌다. 특히 체르노빌이 더 이상 자신들의 정치경험에서 특별한 사건이 되지 못하는 정치인 세대에 와서는 그 불안감이 더욱 느슨해졌다. 그러나 그 때문에 인류가 원자력에서 안정을 느낄 수 있기까지 치러야 할 비용의 문제는 어떻게 할 것인가? 이것은 본질에서 벗어난 질문이 아닌 것이다. 스웨덴의 포스막처럼 거의 대재난이 될 뻔한 사고를 겪고 나서도 이런 질문이 겨우 수주일 동안만 공론화되고 말았고, 그 뒤로는 몇몇 전문가 그룹에서만 논의될 뿐이다. 이런데도 '국제적으로 공인된 원자로의 안전성'을 계속 운운할 수 있을까?

독일의 원자로가 비교적 높은 안정성을 지니고 있다면, 이것은 과거 서독에서의 '원자력 반대운동'에 힘입은 바가 크다고 할 수 있다. 다시 말해 고도로 민감하게 위험의식을 느끼는 국민들의 지속적이고 비판적인 감시를 통해서 원자로의 안전수준이 실질적으로 향상됐다고 볼 수 있는 것이다. 이것은 원자력 옹호론자들도 인정하는 바이다.

이와 결부시켜 독일의 원자력발전소가 장애나 사고에 대비해 높은 비용을 지불하면서 현재와 같이 경제사상 가장 안전한 산업시설이 되기 위해서는 두 가지가 더 필요했다. 즉, 여론의 항상적인 문제제기와 '전문가들로 구성된 비판적인 논의장'의 구축이다. 하지만 이와 반대의 결론도 가능하다는 우려가 있다. 여론의 감시가 사라지거나 권위주의 정권이 이런 감시를 억압한다면, 원자로의 안전성도 줄어들 수밖에 없기 때문이다.

독일 기민당−자민당의 연립정부처럼 해리스버그나 체르노빌 이후에도 여전히 핵에너지를 계속 이용하려 한다는 것은 "대형 참사에 가까운 사고가 발생해서 핵에너지라는 선택지를 궁극적으로 폐기하게 될 때까지 핵에너지를 계속 사용할 것인가?" 하는 질문에 고개를 끄덕이는 것과 같다.

오늘날 유럽이나 미국에서는 그 누구도 '핵에너지의 부흥기'를 입에 올린다거나, 구닥다리 원자로의 수명연장에 대해 진지하게 논의하려 하지 않는다. 만약 2006년 7월 25일의 포스막 사고에서 2대의 변환기가 아니라 변환기 4대가 모두 잘못됐다면, 그래서 하필이면 높은 기술 수준을 인정받는 스웨덴이 대형 참사의 무대 중심에 서게 되었다면 어떻게 되었을까? 그랬다면 수백만에 달하는 북유럽 사람들은 씻어내기 어려운 고통에 직면했을 것이다.

더 나아가 총 130여 기에 달하는 원자로를 보유한 이 대륙 전체가 지금도 여전히 물리적인 복구작업과 정신적인 회복작업에 매달려야 했을 것이고, 초대형 참사로 인해 지금의 재정 및 금융 위기를 훌쩍 뛰어넘어 전반적인 '경제의 몰락'이라는 상황에 처하게 되었을 것이다. 특히 핵에너지에 대한 의존도가 높은 나라들은 경제적인 블랙아웃 상황을 면하기 어려웠을 것이며, 유럽 대부분의 국가들이 지난 수십 년간 경험하지 못했던 경제 위기를 맞이해 분투해야만 했을 것이다.

이렇게 되면 유럽만이 문제가 아닐 것이다. 당혹해하는 여론의 압박으로 원자력발전소 가동은 중단될 것이며, 그 결과 모자라는 전력을 충당하기 위해서 모든 화석연료 발전소들이 가능한 한 24시간 운영체제로 가동되어야 할 것이다. 그 결과 전 지구적인 대기오염은 더욱더 심화될 수밖에 없을 것이다. 물론 아주 다행스럽게도, 포스막 사고로 인해 이런 상황이 발생하지는 않았다.

슬금슬금 찾아오는 '일상화'라는 종양

원자력기술은 근본적으로 지난 수십 년에 걸쳐 이룩된 일반적인 기술 발전의 도움을 받았다. 이것은 누구도 부인할 수 없는 사실이다. 오늘날 정보통신 분야에서 이루어진 혁명은 전 세계에서 가동 중인 상업용 원자력발전소의 통제와 제어를 용이하게 만들었고, 그 정상적인 가동을 더욱 확실하게 해주었다.

현재 가동 중인 가장 오래된 원자로가 처음 도면에 그려졌을 때만 해도, 그 시절에는 천공 테이프가 컴퓨터를 작동시켰다. 그러나 그 후 수많은 낡은 원자로에 현대적인 제어·감시 체계가 설치되었다. 또한 컴퓨터 시뮬레이션을 비롯한 각종 모의실험들을 통해 원자로 내부에서 일어나는 복합적인 과정들과 원자로의 물리학적 과정들을 정상적인 상황과 오작동의 장애상황으로 나누어 좀 더 잘 이해할 수 있게 되었다.

이처럼 원자로 내부 상황에 대한 시뮬레이션과 모의실험 덕분에 원자력기술은 어느 정도 수준의 안전성에 도달할 수 있게 되었다. 20~30년 전만 해도 모델을 만들 수 없었던 것에 비하면 놀라운 발전이다. 그 결과 부분적으로 다 파악하기 어려웠던 복합적인 사고 발생 과정을 시뮬레이션할 수 있게 되었고, 따라서 오늘날 원자로의 안전을 책임지는 기술자들은 이 시뮬레이터로 훈련을 할 수 있게 되었다.

오늘날 원자력 기술자들은 이전보다 발전된 확률 분석과 검증 및 감시 시스템의 혜택을 누린다. 이렇게 발전되고 진화한 분석·검증·관리 시스템들은 점차 낡은 원자로들에도 적용되고 있다. 나아가 원자력발전을 운영하는 회사들은 해리스버그와 체르노빌, 그리고 일본에서 일어난 중대한 원전사고들에서 교훈

6) 종이테이프에 구멍을 뚫어 데이터를 저장하던 기록 매체.-옮긴이

을 얻어야 한다는 점을 스스로 받아들이고 있다.

이들은 국제적인 협의체를 통해서 자신들의 경험을 교환하고, 원자로 사고에 관한 기록과 자료들을 다른 회원사들과 즉각적으로 공유한다. 세계핵발전운영자협회(World Association of Nuclear Operateurs: WANO)는 바로 이런 목적으로 설립된 국제조직이다. 원자력발전 운영회사들은 이 협회를 통해서 '전 세계는 약 1만 3000년1956년 최초의 상업적 원전 가동 시점부터 2010년까지의 전 세계 상업용 원자로의 총 가동시간을 말함—옮긴이의 원자로 운영 시간(2010년 기준)의 경험들을 쌓을 수 있었다'고 주장할 수 있게 되었다.

물론 이러한 것들이 원자력발전소가 질적으로 '새로운 차원의 안전성'을 갖게 되었음을 증명하는 것은 아니다. 1986년에 일어난 체르노빌 원전사고 이래 노심용융으로 인한 원전사고가 더 이상 발생하지 않았다고 해서, 앞으로 이러한 참사가 일어나지 않을 거라고 장담할 수는 없다. 포스막을 보아도 알 수 있듯이, 이것은 가장 최근에 발생한 가장 드라마틱한 공포의 순간이었다. 그리고 곧바로 브룬스뷔텔과 크륌멜에서도 경고가 뒤따랐다. 이들 발전소는 사고 뒤로 수년간 전력 생산을 할 수 없었다.

오늘날 세계에서 운영되는 원자로들의 4기 중 3기, 즉, 원자로의 75퍼센트가 체르노빌에서 대형 참사를 일으킨 원자로와 비슷한 시기에 건설된 것들이다. 심각한 사고가 또 언제 일어날

지 알 수 없으며, 내일이 될지 아니면 100년 후가 될지 아무도 모른다. 이것은 확률에 입각한 성찰 방식의 본질이다. 그래서 '1만 3000년'이라는 세계의 원자로 운영 시간은 결코 사고 가능성에 대한 반증이 되지 못한다. 1979년 해리스버그의 상업용 원자로에서 처음으로 노심이 녹아내리는 사고가 났을 때, 남부독일의 원전 반대주의자들은 전단지를 통해 조롱하며 이렇게 비꼬았다.

"10만 년에 한 번 일어난다는 사고! 그런데 이들의 시침은 얼마나 빨리 돌아가는지!"

이 표현은 원자로 기술자들의 안전에 대한 장담이 그야말로 허구에 불과하다는 것을 일깨웠다. 원자력발전소의 경영진들은 전 세계적으로 강행된 원자로의 수명연장에 대해서 "안전관리기술상 무제한적으로 책임질 수 있는 것이다"라고 떠들어 댔다(Frankfurter Rundschau, 2005. 8. 12). 원자력발전소 운영회사 에온(E.on)의 전 이사이자 현재 독일의 원자력 로비 단체인 '원자력포럼(Atomforum)'의 대표 발터 홀레펠더(Walter Hohlefelder)는 "원자로의 수명연장은 전력공급의 안정화에 기여할 것"이라고 단언했다(Berliner Zeitung, 2005. 8. 9).

그런데 무엇보다 놀라운 점은 공공 영역의 일부에 해당하는, 특히 원자력을 지지하는 정치인들이 더 이상 이런 주장의 배경을 캐묻지 않는다는 것이다. 바로 이런 이유 때문에 저들의 얼토당토않은 주장, 즉 '자동차나 비행기와 반대로 원자력발전소는 오히려 오래될수록 안전하다'는 주장이 지금도 버젓이 존재하고 있다. 그렇지만 이 주장은 상식에도 어긋날 뿐 아니라 물리학적으로도 설득력이 없다.

원자력발전소는 전 지구적인 차원에서 현재 '노후화'되고 있다. 여기에는 소박한 '마모현상'만 있는 게 아니라 금속의 내부와 표면에서 일어나는 고도로 복합적인 변화들도 포함된다. 원자 구조의 미립자 영역에서 벌어지는 변화의 경로들과 그 변화가 불러일으키는 연쇄작용들을 미리 예측하면서 고도의 감시 시스템을 통해 이를 신뢰할 수 있는 수준으로 유지하고, 적시에 문제점을 발견하기란 쉽지 않은 일이다.

더구나 원자로 내부와 같이 고온, 고압의 상태에서 화학반응이 극렬하게 일어나고, 핵분열로 끊임없이 발생하는 중성자들이 폭격을 퍼부으며 안전기술 상 중요한 기계장치들에 영향을 주고 있는 곳에서 이런 문제점을 발견하기란 거의 불가능하다. 게다가 이들 기계장치들에 접근한다는 것도 가능하지 않다.

지난 수십 년에 걸쳐 가동된 원자로에서는 표면과 이음새, 그리고 원자로 내부의 핵심부품들에서 부식과 균열, 그리고 방사선으로 인한 손상이 끊임없이 발생했다. 심각한 사고가 일어날 수 있었으나, 간발의 차이로 수차례 이런 사고들을 피할 수 있었다. 정기적인 가동 중단과 검진 과정에서 적시에 대재난의 위험성이 포착되었기 때문이다. 그런데 원자로 손상이 이렇게 적시에 발견된 것은 운이 좋은 것이었다.

우연에 맡겨지는 안전관리의 취약성은 전력시장의 규제완화와 자유화 조치가 낳은 부작용으로 더욱 악화됐다. 자유화는 원전을 운영하는 회사들에게 더 높은 '비용 절감 의식'을 부추긴다. 대부분의 원자력발전소에서는 감원과 동시에 반복되는 안전검사 횟수 줄이기, 정기점검 의무 기한 줄이기, 그리고 점검작업과 핵연료 교체작업에서 시간 압박이 늘어나게 되는 등의 일들이 벌어졌다. 이 모든 일들이 원자로의 안정성을 심각하게 떨어뜨린다는 것은 자명하다.

여기서 중간 결론을 내려보기로 하자. 우선 원전을 운영하는 회사들이 생각하는 것처럼 원자로의 수명이 40년 또는 60년, 그리고 많게는 80년까지 늘어나게 되면, 2009년 현재 세계 원자력발전소의 평균나이 24년은 앞으로 크게 올라가게 될 것이다. 이와 동시에 정말 심각한 사고발생의 위험성도 현저하게 높아진다. 이러한 사고의 위험성이 소위 '제3세대 원자로' 건설로 달라질 것이라고 기대하기는 어렵다. 제3세대 원자로가 널리 알려진 지 벌써 수십 년이 지났지만, 여전히 이 모델은 전 세계에 존재하는 모든 원자로의 극히 일부를 차지하고 있을 뿐이다. 게다가

이 제3세대 원자로 역시 심각한 수준의 사고발생 가능성을 피할 수 없다.

1980년대 말부터 연구·개발이 시작돼 2005년 핀란드에서 최초로 제작된 유럽형 가압경수로(European Pressurized Reactor: EPR)는 이미 독일과 프랑스에서 가장 많이 사용되는 가압경수로—일부 비판자들의 말을 빌리면, 절반의 성공을 거둔—의 개선 모델에 불과하다. 이 원자로에는 노심용융이 발생할 때 녹아내린 노심을 받아 가두는 소위 '코어 캐처(Core Catcher)'라는 설비를 갖추고 있다. 원자로의 전체 설비비를 현격하게 상승시킨 이 안전장치의 고안이 가져온 결과는 이와 같은 것이다. 즉, 원자력 분야의 내부와 외부의 경쟁자들에 맞서서 경제적으로 충분히 경쟁력이 있으려면, 이 원자로는 개발단계에서부터 철저히 용량이 높은 원자로로 고안되어야 한다는 것이다.

원자력발전 운영자들은 저마다의 시설 운영 경험과 원자력발전의 수명을 예로 들면서 심각한 사고발생의 개연성이 현실적으로 낮아졌다고 주장한다. 그러나 이러한 주장은 원자력발전 운영자들 사이에서도 논란이 되고 있다. 언제나 지구 전체에 초미의 관심사가 되는 위험천만한 수많은 원자로 사고에 재차 직면하다보면 이 모든 주장들이 현실을 부인하고 있다는 것도 알게 된다.

대참사를 불러올 수도 있었을 근래의 주요 사고발생 기록을 한번 살펴보자.

✹ 1988년 프랑스 시보(Civaux) 원자력발전소 가압경수로 1호기에서 잔열 배출 시스템의 관이 파열되었다. 이 구멍을 메우고 상황이 전체적으로 다시 안정화되기까지 일차 냉각순환계는 1시간당 30세제곱미터(m^3)의 냉각수를 잃었다.

✹ 1999년과 2002년 영국의 세라필드 재처리시설과 일본의 원전 운영회사 텝코(Tepco)의 관리자들이 안전관리상 매우 중요한 자료를 조작했다.

✹ 2001년 프랑스의 카테노(Cattenom) 원자력발전소 3호기에서 핵연료봉이 파손되었다. 이런 종류의 파손은 지금까지 단한 번도 관찰된 적이 없다.

✹ 2001년 독일의 브룬스뷔텔 원자력발전소 비등형 경수로 관에서 매우 강력한 수소폭발이 발생했다. 폭발이 발생한 관은 원자로 압력 용기에서 얼마 떨어지지 않은 곳에 위치해 있었다.

☀ 2002년 미국 원자력발전소 데이비스-베스(Davis-Besse)의 원자로 압력 용기에서 대규모 부식이 발견되었다. 이 부식은 수년 동안 지속적으로 일어났지만, 수년 동안 발견되지 않은 상태였다. 부식이 일어난 곳에서는 원자로를 둘러싼 얇은 특수강 외피만 남아서 최고 출력 시에 일어날 수 있는 원자로 균열이라는 재앙을 막고 있었던 것이다.

☀ 2003년 헝가리의 팍스 원자력발전소에서 폐연료봉 저장조에 보관 중이던 고준위 방사성 폐연료봉 30여 개가 갑자기 과열하는 사고가 일어났다. 아무런 보호막도 없는 발전단지 인접 지역을 구하려면 섭씨 1200도까지 달아오른 온도를 끌어내려 핵폭발을 막아야만 했다. 결국 폐연료봉에 차가운 물을 폭포수처럼 흘려보냈고, 연료봉은 마치 도자기처럼 조각이 나버렸다(Heinrich-Boell-Stiftung, 2006).

☀ 2007년에 발생한 대규모 지진으로 인해 일본의 가시와자키(Kashiwazaki) 원자력발전 단지에서 변압기 화재 사고가 발생했다. 이 화재로 방사능 오염수가 그대로 유출되었고, 결국 원자력발전 단지에서의 전력 생산이 수년 동안 중단되었다.

✴ 2007년과 2009년에 독일 크륌멜 원자력발전소에서 변압기 화재사고가 발생했다. 이어 중앙관제실에서 연기가 솟았고, 결과적으로 원자로 비상차단기는 심각한 손상을 입었다. 이로부터 정확하게 2년 뒤, 재가동이 시작된 지 불과 며칠도 지나지 않아 변압기들 중 하나에서 또다시 합선이 일어났다. 변압기에 화재가 발생한 것은 아니지만 기름이 외부로 유출되었고, 원자로는 비상 차단장치를 통해 정지해야만 했다.

결코 일어나지 말라는 법이 없는 이와 같은 사고로 인해 어느덧 원자력발전 운영자들이 핵에너지의 부흥을 옹호하는 몇몇 정치꾼들보다 이런 사고를 더 불안해하고 우려하게 되었다. 그들의 불안과 우려는 단지 원자로 사고로 인한 수십 억 유로의 손실과 손해 때문만은 아니다.

원자력발전 운영회사의 책임자들이 점점 더 두려워하는 것은 인간의 본질에 깊게 뿌리내린 현상이 빚어내는 결과이다. 즉, 슬금슬금 다가오는 '일상화'라는 종양에 매우 약한 인간의 본성이 그것이다. 이로 인해 사람들은 수년 동안 반복되는 아주 단조로운 작업을 매 순간 최고의 집중력으로 수행할 수가 없다.

2003년 베를린에서 열린 세계핵발전운영자협회에서 발표자들은 한결같이 '모든 것은 제어될 수 있다'는 확신에 빠진 채

만연된 나태와 부주의, 그리고 운영회사들 사이에 팽배한 자만을 공공연하게 거론했다. 역설적이게도 스웨덴의 한 회의참석자는 "이런 부주의와 자만이야말로 원자력산업의 존속에 심대한 위협요소가 된다"고 경고했다(Nucleonics Week, 2003. 8. 6).

당시 세계핵발전운영자협회 의장인 하지무 마에다(Hajimu Maeda)는 원자력산업을 내부에서부터 위협하는 '소름 끼치는 질병'이라고 언급했다. 이때 의미하는 질병은 의욕부재와 자기만족, 그리고 전력시장의 규제 완화 결과에 따른 '고도의 비용 압박으로 인해 안전관리에 소홀해지는 것을 그대로 유지하는 것'에서 시작된다. 이 질병을 인지하고 이에 맞서 싸워야 하는데, 그렇지 못할 경우에 "언젠가는 정말 심각한 사고가 원자력산업 분야를 송두리째 파탄시킬 것"(Nucleonics Week, 2003. 8. 6)을 예고한 것이다.

3년 뒤 포스막 사고를 통해 스웨덴의 국영기업인 바텐팔의 원자로 관리 부실이 새롭게 알려지게 되었을 때, 이런 우려의 표명은 미래를 정확하게 예측했던 것으로 입증되었다.

한국 원자력발전소의 주요 사고 (자료 제공: 환경운동연합)

<u>고리 원자력발전소</u> 가압수형 경수로 1~4호기(1978년에 최초로 가동된 1호기는 수명연장 가동 중)와 신고리 1호기가 가동 중.

1988년 10월에 원자력발전소 근무자의 임파선암 사망 사건과 핵폐기물 불법 매립 사건이 드러났고, 1995년 7월 배수로와 폐기물 저장고 인근에 자연 방사선량 100배의 방사선이 누출되면서 원전 내 세슘과 코발트 등의 오염이 발생됐다. 1998년 10월에는 고리 1호기의 핵연료봉이 손상되었고 2001년 1월에는 고리 2호기의 핵연료봉 42개가 손상된 것으로 확인, 고리 3호기도 1개의 핵연료봉이 손상됐다. 2010년 9월에는 신고리 1호기의 원자로 냉각수 밸브가 자동으로 열리는 사고가 발생해 백색비상이 발령됐다.

<u>월성 원자력발전소</u> 1~4호기 가동 중. 1983년 1호기 가동 시작, 2~4호기는 1997~1999년 가동 시작, 가압수형 중수로.

1984년 11월 1호기에서 23톤의 중수가 유출됐고, 저장탱크의 고압 보호판이 파열됐다. 1988년 10월에도 중수가 누출되는 사고가 발생해 3일간 원자로가 멈췄다. 1994년과 1995년에는 각각 냉각재 밸브 사고가 이어졌고, 1997년 2호기 시운전 중에 중수가 또 누출되는 사고가 일어났다.

대전 한국원자력연구원
연구용 원자로

울진 원자력발전소

월성 원자력발전소

영광 원자력발전소

고리 원자력발전소

* 2011년 2월 말 기준으로 한국에는 모두 21기가 가동 중이며,
신고리에 2~4호기, 신월성 1~2호기, 신울진 1~2호기 등 모두
7기가 건설 중이다.
* 상업용 원자로는 아니지만 대전 시내에 있는 한국원자력연구
원의 연구로에서 2011년 방사선이 유출, 백색비상이 발령됐다.

영광 원자력발전소 1~6호기 가동 중. 가압수형 경수로. 3호기부터 한국형 원자로로 발표, 1986년 1호기 가동을 시작으로 2002년부터 6호기까지 모두 가동 중. 설계 수명은 고리보다 10년이 늘어난 40년이다.

1995, 1996, 1997년에 핵연료봉 손상, 냉각재 누출로 환경오염 사고가 발생했다. 2000년에는 1998년에 방사능 누출 보수작업으로 노동자 310명이 피폭되었음이 밝혀졌고, 2002~2004년에 한국형 원자로들인 4~6호기에서 예상치 못한 방사성 물질이 함유된 폐수가 5000톤씩 바다로 흘러들어간 사고가 두 차례 있었다. 또한 방사성 물질이 누출된다는 사실을 묵인하고 재가동시키기도 했으며, 심지어 1주일 간 방치된 채로 가동시킨 일도 밝혀졌다. 열전달완충판 등이 이탈되는 사고도 여러 번 일어났다.

울진 원자력발전소 1~6호기 가동 중. 1988년 프랑스 제작사가 가압수형 경수로로 건설한 1호기, 1998년 3호기부터는 한국형 가압수형 원자로로 가동.

1999년 3호기에서 8.25톤의 냉각수가 누수되고 노동자들이 방사능에 피폭됐다. 2001년과 2002년에는 핵연료봉이 손상되는 사고 외에도 2002년 10월에 증기발생기의 세관이 파단되는 사고로 1차 냉각수 45톤이 2차 계통으로 탈루하는 심각한 사고가 일어났다. 이 사건은 단순 누설로 축소되고 은폐됐다. 이러한 사고는 세계에서 세 번째로 벌어진 것으로, 체르노빌과 같은 대형사고로 이어질 수 있었던 사고로 밝혀졌다. 또 같은 해인 2002년 11월에 3호기의 1차 냉각수가 누출되면서 108명의 노동자가 피폭되었고, 백색비상이 발령됐다.

세계 최악의 원전사고 (출처: BBC)

1957년	키슈팀	러시아	핵폐기물 저장고 폭발
1957년	윈드스케일	영국	원자로 화재
1979년	스리마일 섬	미국	노심용융을 부른 기기 오작동
1986년	체르노빌	우크라이나	가동 중인 원자로의 화재와 폭발
2011년	후쿠시마	일본	원자로 4기 파손, 폭발

2011년 6월 29일 미국 뉴멕시코 주 로스앨러모스 소방당국이 화재로 인한 불길을 막으며 인근의 핵무기연구소에 불길이 번지지 않도록 노력하고 있다. ©AP

핵무기화와
원전
테러는
불가능하다?

이란, 터키, 이집트, 사우디아라비아, 요르단, 리비아, 알제리, 튀니지, 모로코, 아랍에미리트에 들어설 원자력발전소들의 절반이 건설되지 않는다면, 나머지 반만큼 이 세계가 더 안전해지는 것일까?

뉴욕과 워싱턴에서 2001년 9월 11일에 감행된 테러 공격은 일종의 새로운 차원의 위협이었다. 당시의 전문가들도 세계 최강국을 향해 그와 같은 방식의 테러 가능성을 전혀 고려하지 않았을 정도로 예상 밖의 일이 터진 것이었다.

테러의 이런 발전 양상은 핵에너지의 이용에 있어서도 근본적인 재평가가 필요한 계기가 되었다. 체포된 테러리스트들의 그 배후가 심문에서 진술한 내용도 이런 필요성에 설득력을 더한다. 원자력발전소가 실제로 이슬람 테러리스트들의 목표설정 범위 안에 있다는 것은 알카에다의 두 지도자들의 증언만으로도 더 이상 왈가왈부할 문제가 되지 못한다.

미국 상원에 제출된 테러 공격에 관한 공식 보고서 (National commission on Terrorist Attacks Upon the United States, 2004)에 실린 이들의 증언에 따르면, 보잉767기를 몰고 뉴욕의 세계무역센터 북쪽 건물로 돌진했던 모함메드 아타(Mohammed Atta)는 허드슨 강변의 인디언 포인트(Indian Point) 핵발전소의 원자로 두 곳도 타격 목표로 삼았다. 맨해튼에서 약 64킬로미터 거리에 있는 이 원전 공격 작전의 암호명은 '전기공학'이었다.

그러나 비행기를 몰았던 테러범들은 원자력발전소로 향하는 비행이 지대공미사일이나 요격전투기로 저지될 수도 있다고 판단하며 이 계획을 수정했다. 하지만 군사적인 안전대책은 실제로 존재하지도 않았다. 9·11테러 당시에 미국의 원자력발전소가 공격받지 않을 수 있었던 것은 오직 테러리스트들의 오판 덕분이었다.

알카에다 지도자인 칼리드 샤익 모함메드(Khalid Sheik Mohammed)의 최초 계획은 더 끔찍했다. 그의 진술에 따르면, 민간여객기 열 대를 동시에 납치해 원자력발전소 몇 곳을 공격하려 했다는 것이다.

이를 보더라도 원자력발전소의 위험 평가에서 '테러 공격'이라는 가상 시나리오는 종전보다 훨씬 더 진지하게 고려되어야 할 부분이다. 9·11테러 이래로 핵발전소가 공격받을 가능성은 한층 높아진 것이다.

2010년 현재 전 세계적으로 가동되는 총 436기의 원자로 중에서 연료를 가득 채운 점보 제트기에 의한 공격을 견딜 수 있는 원자로는 그 어디에도 없다. 이에 대해서는 그 누구도 이의를 달지 못한다. 어쩌면 9·11테러가 준 커다란 충격의 여파에서 채 벗어나지 못한 시기여서 그랬을 수도 있지만, 당시 독일의 원자력 발전 운영회사들도 그러한 위험에 대해선 속수무책이라며 한 목소리를 냈다.

물론 서유럽의 산업국가에서 건설되는 수많은 원자로들은 전투기나 소형 비행기의 추락으로 인한 돌발적 사고를 안전성

검토 과정에서 고려하고 있었다. 그러나 연료를 가득 채운 대형 여객기와의 의도하지 않은 충돌 가능성이라는 시나리오는 전 세계 어느 나라에서도 개연성이 없다고 여겼고, 그에 대한 대비책은 아예 없었다. 여객기를 유도탄 삼아 목표를 타격한다는 테러리스트들의 상상력은 원자로 설계사들의 상상력을 가볍게 뛰어넘은 셈이다.

9·11테러 직후에 독일 연방정부는 쾰른(Köln) 시에 있는 원전설비 및 원자로안전성협회(Gesellschaft für Anlagen- und Reaktorsicherheit: GRS)에 '공중공격으로 인한 원자력발전소의 피해 정도'를 예측하는 대규모 연구조사를 의뢰했다. 연방정부의 조사 의뢰서는 독일의 대표적인 원자력발전소들의 내구성만을 조사하도록 한 것은 아니었다.

베를린 공과대학의 비행 시뮬레이터에서는 총 여섯 명의 조종사들이 독일에서 가동되는 원자력발전소에 대해 상이한 속도와 충돌지점, 충돌각도로 대략 1000번의 비행 공격을 감행했다. 원자력발전소는 실제 발전소와 세목까지도 일치하는 비디오 영상으로 시뮬레이터 조종석에 투사되었다. 몇몇 조종사들은 9·11테러에서 비행을 맡았던 테러리스트들처럼 이전에 소형 프로펠러 비행기만을 조종해봤을 뿐이었다고 한다. 그런데도 가미가제식 비행공격 두 번에 한 번꼴로 목표물을 정확히 타격했다고 조종사들은 전했다.

　실험 결과는 그대로 여론에 공개되기 어려울 정도로 경각심을 불러일으키는 수준이었다. '대외비'로 분류된 요약본만 나중에 공개됐는데(GRS, 2002), 이에 따르면 특히 낡은 원자로들은 여객기의 크기와 유형, 그리고 충돌속도와 상관없이 명중되기만 하면 삽시간에 '원자력 불바다'로 변한다고 한다. 원자로 격납용기는 그 즉시 완전히 박살나거나, 배관 시스템들은 어마어마한 충격과 이어지는 비행기 연료의 발화로 완전히 파괴된다. 어떤 경우에든 명중 시에 노심용융과 방사능의 광범위한 방출을 피할 수 없다는 것이 거의 확실해진 것이다. 또한 원전 내부의 폐연료봉 보관소도 매우 위태로운 것으로 알려졌다.

　미국에서 공포의 9·11테러가 일어난 지 10년이 되어간다. 그러나 독일의 경우, 이런 종류의 공격에 대한 원자력발전소 보호 계획을 마련하지 못했다. 공중공격이 발생할 경우에 원자력발전소를 분무 시스템으로 '잠시 시야에서 사라지게 만든다'는 이전의 사민당-녹색당 연방정부의 계획은 목표달성 면에서 그리 효과적이지 않다고 입증되었다.

　더구나 2006년 2월에 독일 연방헌법재판소에서 테러 공격과 무관한 승객을 태운 민간여객기를 격추하는 것은 위헌이라고 판결한 이후에 이 계획안은 폐기됐다. '안개화 작전'이라고도 불린 이 계획의 목적은 독일연방군 전투기가 납치된 여객기를 강제 착륙시키거나 여의치 않을 경우에 격추할 때까지 원자력발전소를 인공적으로 만들어진 안개로 덮어놓는 것이었다.

핵시설에 자살 테러가 가해진다면?

테러리스트들이 핵발전소 보안지역까지 무력 침투하거나 잠입해서 공격할 가능성은 과거에도 면밀하게 검토되었다. 지상에서 현대적인 전차로 격파하거나, 벙커를 관통하는 탄도나 폭발물을 이용해 원자력발전소를 공격할 수도 있다.

하지만 핵시설에 대한 테러리스트들의 자살공격 가능성은 논외였다. 테러리스트 스스로 첫 희생자가 되어 원자력발전설비를 공격한다는 충격적인 가능성은 모든 테러가 전에 없이 다양한 방식으로 전개될 수 있다는 개연성을 높이고 있다.

과격한 자살공격 테러범의 입장에서는 핵시설을 공격하는 것이 결코 비합리적인 것이 아니다. 오히려 반대라고 할 수 있다. 과격분자들이 핵시설을 성공적으로 공격할 경우, 이들은 한 번의 공격으로 원자력발전소를 당장 불바다로 만들어 상대에게 수백 배의 고통을 안겨줄 수 있다.

그뿐만 아니라 다른 수많은 원자력발전소들이 예방적인

차원에서 임시 폐쇄를 결정할 수 있다는 것을 이들은 염두에 두고 있다. 산업국가에서 원자력발전소를 폐쇄하는 것은 9·11테러로 유발된 경제적 동요를 넘어서서 국가경제를 파국으로 몰고 갈 수도 있기 때문이다.

2001년 9월 11일, 미국의 펜타곤과 세계무역센터에 가해진 테러 공격은 매우 야수적이며 지탄받아 마땅한 만행이었다고 할 수 있다. 그러나 이 사건은 '목표물을 분명하게 설정한 공중공격'이라는 테러 시나리오로 초일류 강대국의 경제와 정치적·군사적인 심장부를 직접 공격하고, 이들에게 굴욕감을 안겨준다는 분명하고도 상징적인 효과를 노린 공격이었다.

하지만 원자력발전소에 대한 공격은 이런 상징적인 공격과는 의미가 다르다. 전력생산에 대한 공격은 곧 산업경제의 중추신경에 대한 타격을 의미한다. 달리 말하면 한 산업국가의 기반시설 전체가 공격을 받는 것이다. 전 지역이 방사능으로 오염되어 수백만은 아닐지라도 수십만의 인구가 장기간 다른 곳으로 분산되는 상황은 전쟁과 테러의 구분을 없앨 것이다. 설사 원자력발전소 공격이 초대형 참사라는 원래 목표를 이루지 못한다 해도 그 결과는 참담할 것이다.

이런 공격이 있고 난 후에는 핵에너지가 지니는 참사의 위험성을 둘러싼 논란이 최고조에 이를 것이며, 산업국가들에서 차례로 모든 원자력발전소는 아닐지라도 대다수 원자력발전소를 폐쇄할 것이다.

군사적 분쟁지역에서의 '평화적인 핵에너지 이용'과 그 위협에 관한 논쟁은 이제 새로운 종류의 테러리즘이라는 시점에서 더욱 중요해진다. 이 논쟁은 사실 지금까지 핵과 관련된 이해집단에서는 금기시되어 왔다. 특히 국제적인 분쟁이 우려되는 지역으로 한반도, 타이완(대만), 이란, 그리고 인도와 파키스탄 같은 곳에 건설된 원자로들은 결코 원하지 않던 치명적인 부작용을 언제든지 낳을 수 있기 때문이다.

이들 지역에서 일단 원자로가 가동에 들어가면, 잠재적 침략자들은 적국을 방사능으로 오염시키고 황폐화시키기 위해서 굳이 원자탄을 소유할 필요가 없다. 이런 상황이 되면 공군이나 포병대만으로도 충분하다.

이런 관점에서 보면 핵에너지를 '에너지 수급의 안정성'이라는 개념에서만 다루고자 하는 이들이 참으로 근시안적인 생각을 가졌다는 것을 알 수 있다. 원자력기술은 단 한 번의 공격만으로도 에너지 수급의 기둥이 송두리째 흔들릴 수 있기 때문이다. 이런 점에서 원자력기술에 의지하는 국민경제는 에너지 수급이 안정적인 것이 아니라 오히려 정반대라고 할 수 있다. 전쟁이 일어날 경우, 이런 국민경제는 핵기술을 사용하지 않는 국민경제보다 재래식 무기에 훨씬 더 취약하다.

　　1985년 물리학자이자 철학자인 칼 프리드리히 폰 바이체커(Carl Friedrich von Weizäcker)는 핵에너지에 대한 자신의 기존 입장인 '찬성'에서 '반대'로 돌아서면서 그 이유를 이렇게 설명했다.

　　"전 세계로 핵에너지가 관철되면서 전 세계의 정치구조도 극단적인 변화가 불가피하다. 핵에너지의 전 세계적인 사용은 인류 문명과 함께한 '전쟁'이라는 정치제도를 반드시 극복할 것을 요구한다."(Meyer-Abich / Schefold, 1986)

　　그의 결론이 말하는 정치적·문화적으로 보장된 세계 평화의 가능성은 지금도 여전히 불투명하다. 극단적인 이데올로기에 물든 과격주의자들이 개별 국가와의 전쟁뿐 아니라 문명 간의 전쟁도 준비하는 현재의 이 '비대칭적인 폭력의 시대'에 세계 평화의 가능성은 점점 더 멀어지는 듯하다. 1985년에 그는 낡아 빠진 냉전적 대결을 종식해야 한다는 입장을 정리했지만, 그때보다 세계 평화의 가능성은 한층 더 멀어졌다.

　　한마디 덧붙이자면, 군사적 분쟁의 결과로 가해지는 원자력발전소에 대한 위협은 이제 더 이상 이론적인 가설이 아니다. 1990년대 초반의 발칸 분쟁 때 유고슬라비아의 크르스코(Krsko)에 있는 원자력발전소는 여러 차례 무장공격의 목표가 되었다. 실제로 유고슬라비아의 폭격기는 이 원자력발전소 위를 비행하기까지 했다. 이는 단지 위협이 아니라 언제라도 현실화될 수 있다는 분명한 사례이다.

또 한 가지 예를 들어보자. 만약 1981년에 이라크 오시락의 40메가와트급 연구용 원자로가 이미 가동 중이었다면, 이스라엘이 오시락의 건설현장에 대한 공중폭격을 포기했을까? 이런 질문은 그저 사변에 불과하다.

아무튼 이스라엘의 공격은 '이슬람 최초의 핵폭탄'을 제조하겠다는 사담 후세인(Saddam Hussein)의 시도에 대한 선제적 공격으로 인정되었다. 1991년의 걸프 전쟁(Gulf War) 당시에 미국의 폭격기들도 이 원자로 공사현장을 재차 공격했다. 이에 대항하며 사담 후세인의 스커드 미사일도 이스라엘 디모나(Dimona)의 원자력센터를 향했다. 특히 테헤란의 물라(Mullah) 정권과 갈등을 빚고 있는 이스라엘이 곧 이란의 비밀 핵시설을 공중폭격하게 될 것이라는 보도도 끊임없이 흘러나오고 있다.

죽음의 샴쌍둥이
―핵에너지의 평화적인 이용 & 군사적 활용

원자력을 제한적으로 에너지 생산에 이용하자는 발상이 처음 나왔을 때부터 이를 군사적으로 남용할 가능성도 이미 예정된 일이었다. 이것은 전혀 놀랄 만한 일이 못 된다. 1945년 8월에 히로시마(Hiroshima)와 나가사키(Nagasaki)에 투하된 핵폭탄은 원자력에 잠재된 지옥의 현장을 전 세계에 똑똑하게 보여주었다.

이후 미국의 드와이트 아이젠하워(Dwight D. Eisenhower) 대통령은 1953년에 자신의 외교정책 프로그램인 '평화를 위한 원자력'을 대내외적으로 천명했다. 이것이 '핵에너지의 평화로운 이용'을 위한 일종의 신호탄이 되어야 했지만, 한편으로는 우려와 걱정에서 나온 불가피한 선택이기도 했다. 점점 더 많은 나라들이 원자탄 개발 계획에 나서는 상황을 저지하기 위해서라도 당시까지 거의 독점적으로 누려온, 그리고 철저하게 비밀에 부쳐온 핵분열에 관한 자신들의 축적된 기술을 공개하는 수밖에는 다른 도리가 없었기 때문이다.

핵폭탄을 통해 최종적으로 초일류 강대국의 지위에 오른 미국의 대통령이 제시한 거래의 논리는 아주 단순한 것이었다. 독자적으로 핵무기를 개발하려는 야심을 포기한다면 그 대신 핵에너지 기술을 얻을 수 있으며, 어떤 나라건 핵에너지의 평화로운 이용과 그 혜택을 누릴 수 있다는 것이었다.

결국 제2차 세계대전이 끝나고 채 몇 년이 되지 않아 미국의 뒤를 이어 소련, 영국, 프랑스, 중국은 차례로 핵무기보유국이 되었다. 그러나 진정으로 전 세계의 평화와 행복을 추구한다면, 이 위험스러운 진행과정은 중단되어야만 했다. 그런데 스위스나 스웨덴 같은 나라들도 철저한 보안유지 아래 많든 적든 집중적으로 최종적인 무기개발에 나섰고, 심지어 제2차 세계대전 뒤 1955년까지 주권국가가 아니었던 독일조차도 프란츠 요제프 슈트라우스(Franz-Josef Strauß)가 '원자력장관'으로 재임했던 시절에 원자탄 개발의 야심을 내보였다.

1970년에 마침내 체결된 '핵무기확산금지조약'은 아이젠하워가 주도한 외교정책의 결실로, 이것은 1957년에 창설된 국제원자력기구(IAEA)의 역할과 함께 중요한 의미를 지녔다. IAEA의 임무는 한편으로 원자력에 의한 전력생산을 촉진하고 이를 전 세계적으로 확산시키는 것이며, 다른 한편으로는 점점 늘어가는 각국의 핵폭탄 개발을 저지하는 것이다. 그러나 IAEA가 창설되고 반세기가 지난 지금, IAEA의 활동에 대한 전체적인 평가는 의견이 분분하다.

한편으로 IAEA가 민간 원전시설과 이 시설에 투입된 핵분열 재료를 감시함으로써 핵폭탄의 지속적인 확산이 억제됐다는 것은 분명해 보인다. 이런 공로로 IAEA는 2005년 당시의 IAEA 수장이던 모하메드 엘 바라다이(Mohamed el-Baradei)와 함께 노벨평화상을 수상하기도 했다.

하지만 IAEA가 결코 핵폭탄의 확산을 저지했던 것은 아니었다. 냉전시대가 막을 내릴 때까지 이미 이스라엘, 인도, 그리고 남아프리카공화국이 새로운 핵보유국으로 공식적인 '5개의 핵보유국' 대열에 합류했다. 이들 세 나라 중에서 남아프리카공화국만이 1990년대 초반에 아파르트헤이트(Apartheid: 인종차별) 시스템의 포기와 함께 핵폭탄도 함께 폐기했다.

1991년 걸프 전쟁 이후 IAEA의 감독관들은 사담 후세인 치하의 이라크에서 비밀 핵무기개발 계획을 파헤쳤다. IAEA의 엄격한 감시가 있었음에도 사담의 계획은 상당히 진척되어 있었다. 1991년에는 인도와 파키스탄이 원폭실험으로 전 세계에 다시 한 번 큰 충격을 주었다. 이들 나라는 이스라엘처럼 핵무기확산방지조약에 서명하는 것을 완강히 거부해온 나라들이다. 그로부터 5년 뒤, 공산국가인 북한이 금지조약을 이탈하고 스스로 핵무기보유국임을 선언했다.

이 모든 위협적인 진행과정의 바탕에는 핵기술이 안고 있는 근원적인 문제가 자리 잡고 있다. 가장 좋은 취지에서 가장 현대적인 감시기술을 동원한다고 해도, 핵기술의 평화적인 민간의 이용과 군사적인 활용을 명확하게 서로 구분하는 것은 애당초 없다. 연료주기 또는 분열재(材) 주기가 진행되는 것은 평화적인 목적 또는 평화를 깨려는 목적에 상관없이 언제나 동일하기 때문이다.

핵기술은 평화적인 이용과 더불어 언제든지 군사적인 활용을 할 수 있으며, 바로 이런 사실 때문에 필연적으로 다음과 같은 결론에 도달한다. IAEA 또는 유럽 핵공동체(Euratom)가 장려하는 대로 민간 원자력기술을 장악하고 있는 나라는 시간상의 차이만 있을 뿐, 원리적으로는 언제든지 핵폭탄을 제조할 수 있다는 것이다.

원자력 시대가 시작된 이래로 핵기술은 언제나 후안무치하고 야욕에 가득 찬 권력자들에 의해 민간 원자력 프로그램과 병행하면서 비밀리에 군사적인 샛길도 걸어오고 있었다. 지난 수년 동안 이란은 이런 의심을 받아왔으며, 이것이 최근에 다시 불거졌다.

민간에서의 연료주기 구성요소를 군사적인 목적으로 유용(流用)하는 것은 비밀리에 진행된 군사적인 병행 프로그램을 통해 이뤄졌는데, 여기에는 각 국가들이 보조금을 지불하고 있었다. 게다가 군사적으로 유용하는 작업은 국가나 국제적인 감독을 피해 민간용 핵분열 재료를 몰래 빼돌리는 방식으로도 가능하다. 이 과정에서 핵분열 재료와 군사적으로 매우 중요한 기술 또는 그에 상응하는 중요한 정보들을 누군가가 빼돌리는 것도 걱정스럽기는 마찬가지이다.

2010년 초에 극동아시아와 중앙아시아에서는 총 15개의 새로운 원자력발전소가 건설될 예정이다. 이 발전소들은 이란, 터키, 이집트, 사우디아라비아, 요르단, 리비아, 알제리, 튀니지, 모로코, 아랍에미리트에 들어서게 된다. 그러나 계획대로 모두 다 건설되지는 못할 것으로 보이는데, 이를 예상하는 일은 굳이 예언자가 아니어도 가능하다.

　　그런데 이들 나라 중에서 반 정도만 원자력발전소가 건설된다고 가정할 때, 건설되지 않는 나머지 반만큼 이 세계가 더 안전해지는 것일까?

　　분명한 것은 원자력기술이 민간에서 상업적으로 이용되고 있는 30여 개국을 넘어 전 세계로 퍼져나갈 때마다 군사적인 활용의 추가 확산을 막기 위한 비용도 함께 늘어갈 것이라는 점이다. 현재 거론되는 새로운 원자력 성수기는 1970년 말에 비견될 정도로, 50~60여 개국 또는 그보다 많은 나라들이 핵분열 기술을 보유하게 만들 것이다. 그러면 그렇지 않아도 이미 과중한 업무에 허덕이며 만성적인 재정 부족에 시달려온 IAEA는 또다시 해결할 수 없는 과제를 떠안게 될 것이다.

　　여기에 '추악한 폭탄'의 사용도 전혀 꺼리지 않는 테러리즘이라는 새로운 종류의 위험성도 추가로 고려해야 한다. 민간 분야에서 빼돌린 방사능 물질로 채워진 재래식 폭탄의 폭발은 테러리스트들의 잠재적인 공격목표 국가들에게 수많은 희생과 공포, 불안을 강요할 뿐만 아니라 폭발지역 일대를 영원한 금단의 땅으로 만들 수도 있기 때문이다.

2010년 11월 독일 할링엔에서 있었던 점거농성이 해제된 뒤, 핵폐기물을 실은 기차가 다시 움직이고 있다. ©DPA

핵폐기물
걱정은
쓸데없다?

공식적으로 인가를 받고 가동할 준비가 완료된 고준위 방사능의 최종 핵폐기물 처리장은 현재 단 한 곳도 존재하지 않는다. 착륙할 곳도 모른 채 날렵하게 창공을 날아오른 '핵 추진'이라는 비행체가 진짜로 착륙할 곳이 없는 꼴이 된 셈이다.

사람들에게 안정감을 주는 원자력의 '연료주기'라는 개념은 원자력 경제의 뛰어난 어휘 창조력이 만들어낸 또 하나의 작품이다. 연료주기란 용어는 지난 수십 년 동안 광범위하게 회자되었고, 이 훌륭한 어휘력의 산물은 현실에서 끊임없는 반박을 당하면서도 꾸준하게 통용되어 왔다.

원자순환, 즉 '연료주기'라는 신화는 핵분열 전문가들이 가졌던 오래된 꿈에서 유래한다. 그 꿈이란 이런 것이다. 상업용 우라늄 원자로가 가동되면 그 내부에서 만들어지는 분열 가능한 원소, 즉 플루토늄을 재처리시설에서 추출할 수 있게 된다. 그런 다음에는 무한 운동기관처럼 고속증식로에서 분열 가능성이 없는 우라늄238(U-238)로부터 새로운 플루토늄(P-239)을 반복해서 얻어내어 제2, 제3의 다른 증식로에 투입할 수 있게 되는 것이다.

핵분열 전문가들은 이러한 연료순환의 꿈을 꾸면서 1000개 또는 그 이상의 고속증식로와 수많은 재처리시설을 가진 거대한 지구적 차원의 핵관련 순환 산업계가 탄생하기를 바란다.

하지만 현재까지 대형 산업 규모를 갖춘 민간 분야의 재처리시설은 전 세계적으로 단 두 곳뿐이며, 영국의 셀라필드와 프랑스의 라아그(La Hague)에서 가동되고 있다.

1960년대 중반에 초기의 원자력개발 전문가들은 세기말이 되면 독일이라는 단 한 나라에서만 총 용량 8만 메가와트급의 증식로 '군단'이 생길 것으로 내다보았다. 그런데 오늘날 독일에서 가동되는 재래식 가압 또는 비등형 경수로들의 발전 용량은 2만 메가와트 정도일 뿐이다.

이런 원자력기술의 플루토늄 경로(Plutoniumpfad)에 대해 에너지 문제 전문가인 클라우스 트라우베(Klaus Traube)—그는 라인 강 하류의 칼카(Kalkar)에 있는 독일 증식로 기획단의 단장을 지낸 적이 있다—는 "1950년대의 구원신학적 발상"이라고 표현했다(Traube, 1984).

현실을 말하자면, 원자력기술에서 플루토늄 경로는 역사적으로 지금까지 인간이 시도했던 그 모든 경제행위 가운데 최악의 실패로 손꼽힐 만하다. 천문학적인 비용이 드는데다 기술적으로도 성숙도가 낮아서 재래의 원자력발전소보다 안전공학적으로 훨씬 더 위험하고, 특히 군사적으로 오용되거나 남용될 가능성이 훨씬 더 높기 때문이다.

플루토늄 증식 기술은 오늘날 세계의 그 어느 곳에서도 상용되지 못했다. 오직 러시아가 개발 초기 단계의 증식로 1기만을 가동하고 있을 뿐이다.

일본과 인도 역시 공식적으로는 플루토늄 증식 기술을 독자적으로 계속 개발하고 있다. 하지만 일본의 경우만 보더라도 몬주에 있는 증식로—어디까지나 시범 증식로일 뿐이다—는 1995년에 발생한 심각한 나트륨 화재로 멈춘 후에 아직까지 가동되지 못하는 상태이다.

증식로에 대한 실질적인 전망이 없는 한, 재처리시설에서 상업용 플루토늄을 추출하려는 원래의 동기는 그 자체로 더 이상 실효성을 갖지 못한다. 그럼에도 프랑스, 영국과 함께 러시아, 일본, 인도가 여전히 소규모의 재처리시설을 가동 중에 있는데, 해당 국가들은 이들 재처리시설의 가동 목적을 뒷날 이렇게 설명했다. 즉, 재처리시설에서 추출된 플루토늄으로 우라늄-플루토늄-산화 혼합-가연재(Uran-Plutonium-Mischoxid-Brenn elemente, 줄여서 MOX-가연재 또는 연료라고 함)를 만들어 재차 경수로에 연료로 투입하려 한다는 것이다.

그러나 기술적인 문제로 가동을 멈추지 않는 한, 재처리시설들이 양산하는 것은 단지 플루토늄과 우라늄만이 아니다. 이에 못지않게 무엇보다 엄청난 비용을 들여야만 한다. 그뿐만 아니라 재처리시설은 완전히 최종 폐기되어 저장되어야 하는 고준위 방사능 폐기물을 대량으로 쏟아내고, 동시에 인근 지역을 방사능으로 오염시킨다.

재처리시설 인근지역의 방사능 오염은 경수로 1기에 의한 오염의 수천 배에 달하는 것으로 알려지고 있다. 나아가 플루토늄을 재처리하는 문제는 기술적으로 매우 해결하기 어려운 고준위 방사능 물질의 수송 문제들을 불러일으킨다. 게다가 이 고준위 물질들은 군사적인 오남용 혹은 테러리스트들의 목적에 오용되기에 적합한 물질들이다.

전 세계의 상업용 원자력발전소들이 쏟아내는 고준위 방사능 핵폐기물[7] 중에서 상대적으로 아주 적은 일부만이 재처리되고 있고, 완전 연소된 MOX-가연재가 보통의 경우 재활용되지 못한다. 그 때문에 원자력의 '연료주기'란 말은 사실 허울 좋은 이름일 뿐, 결코 실재하지 않는다.

원자력발전소는 전력과 함께 맹독성의 고·중·저준위의 핵폐기물을 마구 쏟아낸다. 이 핵폐기물들은 엄청나게 긴 기간에 걸쳐 완전히 밀폐된 상태로 최종 폐기되어야 한다.[8] 그 기간이 얼마가 될지는 극단적인 편차를 보이는 방사능 핵종(Radionuklide)

[7] 생명과 환경에 영향을 미치는 방사능을 띠는 폐기물로, 중·저준위 폐기물과 고준위 폐기물이 있다. 중·저준위 폐기물은 핵발전소에서 사용된 부품, 교체한 부속품, 작업복, 장갑, 신발, 휴지, 걸레 등과 병원, 연구소, 산업체에서 사용된 주사기와 약병, 튜브 등도 포함된다. 고준위폐기물은 핵발전소의 원자로에서 핵분열을 통해 사용된 핵연료의 '사용후연료'와 사용후연료를 재처리하는 과정에서 생기는 폐기물을 말한다. ─옮긴이

[8] 핵폐기물은 방사능 수치가 떨어지도록 밀폐 저장한 뒤, 시멘트와 함께 드럼통에 밀봉해 임시 저장 시설에 보관된다. 이러한 핵폐기물의 최종 처분은 생태계에서 격리되도록 땅속에 특수 구조물을 만들어 매장하거나, 지하 동굴을 만들어 콘크리트 구조물로 마감하여 영구적으로 격리시켜야 한다. 우리나라의 핵폐기물은 대부분 원전 내의 특정 장소에 있는 임시 저장 시설에 보관되지만, 저장소의 포화상태로 경주 핵폐기장 건설을 진행하고 있다. ─옮긴이

의 자연발생적인 반감기[9]에 의해서 결정된다. 예를 들어 플루토늄 동위원소 Pu-239의 방사능은 2만 4110년이 지나야 비로소 절반이 되지만, 코발트 동위원소인 Co-60의 방사능은 대략 5.3일이 지나면 이미 반으로 줄어든다.

세계의 어디에도 없는 최종 핵폐기물처리장

핵분열로 전력을 생산한 이래로 반세기라는 시간이 흘렀다. 그러나 공식적으로 인가를 받고 가동할 준비가 완료된 고준위 방사능의 최종 핵폐기물처리장은 현재 단 한 곳도 존재하지 않는다. 착륙할 곳도 모른 채 날렵하게 창공을 날아오른 '핵 추진'이라는 비행체가 진짜로 착륙할 곳이 없는 꼴이 된 셈이다.

몇몇 나라들(프랑스나 미국, 일본 또는 남아프리카공화국)에선 비교적 짧은 반감기인 중·저준위 방사능의 폐기물들을 특수용기에 담아 지표에 가까운 지하에 묻고 있다. 독일의 경우 니더작센(Nidersachen) 주의 잘츠기터(Salzgitter)에 있는 콘라드(Konrad) 철광석 폐광의 갱도를 원자력발전소와 연구용 원자로로, 그리고 의

9) 발산하는 방사능의 양이 반으로 줄어들 때까지 걸리는 시간. —옮긴이

학연구를 목적으로 투입된 핵연료와 핵폐기물의 지하 폐기장으로 쓰고 있다.

물론 여기에 매장되고 있는 것은 오직 열을 발생시키지 않는 핵폐기물들이다. 이곳은 독일에서 최초로, 그리고 지금까지 유일하게 공식적으로 인가된 핵폐기장이다. 현재는 핵폐기물 저장을 위한 준비가 진행되고 있으며, 2014년부터 핵폐기물을 관치(管置)할 예정이다.

핵폐기물 처리에 대한 원자력산업계의 인식이 어떠했는지에 대해서는 이 책의 앞장에서 인용한 칼 프리드리히 폰 바이체커의 1969년 핵폐기물 처분과 관련된 언급에서 아주 잘 알 수 있다. 물리학자이자 철학자인 바이체커는 당시에 분명한 확신을 가진 듯 이렇게 말했다.

"핵폐기물은 전혀 문제가 되지 않는다… 주저하지 않고 말하건대, 2000년까지 서독에서 발생하게 될 핵폐기물은 전부 합쳐도 대략 20세제곱미터(m^3) 크기의 용기에 모두 들어갈 수 있는 정도일 것이다. 이 용기를 잘 밀봉하고 밀폐해서 광산에 묻는다면 이 문제를 해결했다고 봐도 좋다(Fischer 외, 1989)."

물론 모두가 낙관적인 목소리만 낸 건 아니었다. 낙관적인 여론이 우세한 가운데 소수의 신중론자 중의 한 사람이던 본(Bonn)의 한 고위 행정직 공무원은 정부 부처 간의 '원자력법 입법

시안 협의'를 마친 뒤에 이렇게 토를 달았다.

"독일처럼 인구밀도가 높은 나라에서 원자로 건설이 계속 지지받을 수 있으려면 방사성 핵폐기물의 무해한 수거가 반드시 선결되어야 한다(Möller, 2009)."

이 고위 공무원의 언급은 처음 지적된 사항이 아니다. 독일에서 방사성 핵폐기물 처리문제 해결이 원자력발전의 선결 조건임을 공식적으로 처음 언급한 때가 1955년이었다. 그 후 지금까지 독일에서는 모두 19기의 동력용 원자로와 시범 원자로가 수명을 다했다. 그러나 방사능 폐기물의 '해롭지 않은 수거'는 여전히 명쾌한 답이 없는 상태이다.

방사능 쓰레기를 수십, 수백만 년 동안 생태계에 무해하게 분리한다는 것이 가능할까? 이 질문은 인간이 대답할 수 있는 영역을 넘어서는 철학적인 문제이다. 피라미드가 지어진 지 고작 5000년이 흘렀다. 2010년 독일의 원자력발전소가 쏟아내는 고준위 방사성 핵폐기물은 서기 10010년 또는 100010년에도 안전하게 관치(管置)되어야만 한다.

그런데 과연 이것이 가능할까? 이 문제에 관해 절대적인 확실성은 존재하지 않는다. 그럼에도 다른 선택의 여지가 없다. 핵폐기물은 현실적으로 존재하고, 오늘도 여전히 발생하고 있기 때문이다. 그래서 불행히도 인류의 모든 지식을 동원해 가장 뛰어난 기술적인 해결책을 찾아야만 한다.

최종 핵폐기물처리장의 입지 선정도 과학기술적인 문제에만 국한되지 않는다. 그 필요성에 대한 국민적인 이해와 인식은 매우 느리고, 또 매우 드센 저항과 회의 속에서 천천히 자리 잡을 수 있었기 때문이다.

핵기술의 선진국들은 이미 1970년대부터 자국 내의 핵폐기물처리장의 입지 선정 절차를 밟기 시작했다. 하지만 이 절차를 통해 최종 핵폐기장 인가로 귀결된 나라는 지구상에 없다. 이런 결과는 정당한 시민적 저항과 민주적인 참여, 그리고 투명한 입지 선정의 절차가 오랜 기간 동안 무시되고 부인되었기 때문이다. 여기에다 적합한 매립장을 찾는 일에서 언제나 원래 목적과 전혀 다른 정략적 저울질들이 개입하거나 심지어 결정적인 역할을 하기도 했다.

이런 실수를 또다시 반복하지 않으려는 독일은 여러 단계에 걸친 지속적인 감시와 여론을 반영하는 선정 절차가 자연스럽게 마련되었고, 또 공식화되었다.

그러나 핵에너지를 찬성하는 쪽과 반대하는 진영의 과학자들이 수년 동안 열띤 논쟁을 벌이면서 지난 2002년에 결의된 합의안이 과연 현실화될 수 있을까? 현재로선 그 합의안의 실현 여부가 불투명해 보인다. 2009년에 집권한 현 기민당−기사당−

자민당 연합으로 구성된 연방정부는 적합한 장소 물색에 다시 나서는 대신에, 이미 1970년대부터 최종 폐기장으로 꾸준히 시설 준비를 해온 고어레벤(Gorleben)의 잘츠슈토크(Salzstock)를 최종 핵폐기물처리장으로 확정했다.

잘츠슈토크는 현재 지표광물의 지질학적인 적합성에 대해 심각한 의문이 제기되어 있는 상태이다. 게다가 몇몇 증언자들의 증언과 지난 몇 년 사이에 새롭게 드러난 문건들을 고려해보면, 1970년대에 결정된 최종 폐기장 입지 결정에서 모종의 정치적인 고려가—물론 이것이 결정적인 이유라고 할 수는 없지만—상당한 정도로 작용했음을 짐작할 수 있게 된다. 지질학적인 적합성 여부에 관한 전문가들의 과학적인 판단이 정략적으로 배제됐다는 의혹이 짙기 때문이다.

현재의 지식 수준에서 '최선의 기술적인 가능성'으로 최종 핵폐기물처리장을 물색한다면, 당연히 후보지들을 비교해봐야 한다. 하지만 1970년대의 결정 과정에서 후보지를 비교하는 일은 없었다. 따라서 현 정부가 논란이 일고 있는 현 입지를 계속 고집한다 해도 법원은 이에 반하는 판결을 내릴 수 있다현재 고어레벤으로 확정하는 행정 결정에 대한 소원이 제기 중에 있다—옮긴이. 만약 그렇게 된다면 독일 사회는 지난 몇십 년을 허송세월한 셈이고, 입지를 물색하는 일부터 다시 시작해야 한다.

기민당-자민당 연방정부가 지난 2009년부터 추구해온 '묻지마식 결정'이 최종 폐기장의 인가로 귀결될 수 있을지는 사실 미지수다. 그러나 고어레벤을 결국에는 최종 폐기장 입지로 관철시키고, 동시에 원자로 수명을 연장하는 현 연방정부의 밀어붙이기식 시도가 어떤 결과를 초래할지는 아주 명확하다. 독일 사회의 핵에너지를 둘러싼 근본적인 갈등이 부활할 것이기 때문이다.

　2010년 초에 독일 환경단체인 독일환경원조(Deutsche Umwelthilfe)가 의뢰한 법률감정(평가)서에 따르면, 최종 핵폐기물처리장이 아직 확실하게 정해지지 않았다는 이유로 폐쇄가 예정된 원자력발전소의 수명을 연장하는 것은 명백히 위헌이다(Ziehm, 2010). 실제로 이것은 위헌 판결이 날 가능성이 매우 높다.

　현 정부와 원자력발전소 운영회사의 공동 시도로 잘츠기터의 폐광산인 '아쎄(Asse) 암염산광산 2구역'에 저·중준위 방사성 핵폐기물을 투기한다면, 겨우 30년 뒤부터 희대의 환경대재앙이 덮칠 개연성이 매우 높다. 만약 독일 연방방사성방호청의 제안대로 십수 년 동안 총 12만 6000통에 다다르는 핵폐기물을 함몰 위험성이 높은 광산에서 다시 꺼내 새로 밀폐하고, 더 적합한 다른 장소로 옮길 때까지 임시 보관한다고 해보자. 그러나 그 작업은 에너지기술사상 가장 값비싸고도 가장 처절한 실패를 상징하게 될 것이다.

2009년 10월 26일자 《프랑크푸르터 알게마이네(Frankfurter Allgemeine)》에서는 밀폐된 핵폐기물 용기를 다시 파내는 결정에 관해 이렇게 단언했다.

"만일 결정된 것처럼 시행한다면, 이것은 분명히 독일에서 '핵에너지 종말'이라는 관 뚜껑에 다시 한 번 못질을 하는 꼴이 될 것이다."

독일 원자력법률 9조 a항에 의하면, 독일에서 원자력발전소 사업자들은 "발생되는 방사능 잔류물을… 체계적으로 제거할 수 있는 방법을 마련해야만" 한다. 오해의 소지가 없는 이러한 법률조항이 만들어진 것이 벌써 50여 년 전의 일이다. 그런데 2010년 현재까지도 여전히 이 법률조항이 언제, 어디서, 어떻게 충족될지에 대해서는 분명히 설명되지 못한다.

이러한 문제와 관련해서 독일만 우리를 당혹스럽게 하는 것은 아니며, 상업적인 원자력을 쓰고 있는 거의 대부분의 나라들이 그러하다.

최종 핵폐기물처리장 건설과 관련해서 살펴보면, 전 세계에서 현재 가동 중인 총 436기의 원자로들 중에서 단 4기의 원자로만 보유하고 있는 핀란드가 단연 독보적인 모범사례에 해당한다. 핀란드 서부 해안에 있는 올킬루오토 인근의 화강암 지반에 거의 완성단계인 최종 핵폐기물처리장은 그 지역사회 주민들로부터 상대적으로 높은 동의를 받고 있다. 그 이유는 지난 수년 동안에 동일한 소재지에서 이렇다 할 큰 사고 없이 원자력발전소가 가동 중이며, 이미 저·중준위 방사능 핵폐기물을 이 지역에 '관치'하고 있었다는 데에서 찾을 수 있다. 그로 인해 최종 핵폐기물처리장 계획도 지역주민들 대다수를 안심시킬 수 있었다.

핀란드에서 고준위 방사능 핵폐기물을 위한 최종 처리장은 2020년부터 가동될 예정이라고 한다. 그러나 그 외의 나라들은 세계 원자력발전소의 대부분을 차지하면서도 가장 위험한 최종 핵폐기물처리장 건설이 이들 나라의 가시권에 들어 있지 않다. 이것은 세계에서 가장 많은 총 104기의 원자로를 가동하고 있는 미국도 마찬가지이다.

총 수요전력의 19퍼센트를 원자력으로 충당하고 있는 미국은 수십 년에 걸친 격렬한 대립의 시간을 보내면서 최종 폐기장을 네바다(Nevada) 주의 유카 산(Yucca Mountain) 고원지대로 선정했다. 하지만 이 계획안은 2009년 오바마 행정부에 의해 다시 동결되었는데, 처음 입지 선정 때부터 있었던 안전성에 대한 의구심이 지금도 여전하기 때문이다. 지난 반세기 동안 미국 전역에서 수거된 고준위 방사능 폐기물과 비교적 가까운 미래에 계속 수거될 폐기물을 모두 수용하기 위해서는 당초 예정된 최종 폐기장의 규모가 너무 작다는 의견 때문에 이 결정이 동결된 것이다.

열화상 카메라로 찍은 핵폐기물의 모습. ©DPA&GREENPEACE

핵연료
우라늄은
얼마든지
있다?

미량 성분인 우라늄의 특성상 더 넓게, 더 많이 개발돼야 할 우라늄 광산 개발은 지표에 방사능 동위원소가 평균값 이상으로 웃돌게 할 수밖에 없다. 나아가 이것은 그 지역 주민들의 건강과 환경에 심각한 영향을 끼치는 방사능의 오염 문제가 출현됨을 뜻한다.

이른바 '핵연료 주기'란 특정 부분에서만 문제가 아니라 그 태생부터 문제를 안고 태어났다. 원자력은 늘 커다란 희생을 요구해왔다. 원자탄 제조에 필요한 핵분열 물질을 얻기 위해서도 그랬고, 민간 원자력발전소를 위해 우라늄을 채굴하는 과정 역시 그러했다.

특히 원자력시대가 개막된 초기의 희생은 엄청났다. 이전까지 지표면 아래에 묻혀 차단돼오던 자연적인 방사능 핵종들이 대량으로 지표 위의 생태계에 도달한 것이다. 결국 핵에너지 활용을 지속적으로 확장하면 할수록 우라늄 채굴로 인한 공중보건과 생태계 피해에 대한 비용은 현저하게 증가할 것이다.

우라늄은 희귀한 광물이 아니지만, 그렇다고 해서 도처에 널린 중금속도 아니다. 채굴 가치가 높은 우라늄은 단지 몇몇 광산에서나 얻을 수 있다. 아주 드물지는 않지만 흔하다고 할 수도 없는 이 우라늄을 채굴하려는 국가 간의 경쟁은 제2차 세계대전 직후부터 시작되었다. 일본에 투하된 미국의 원자폭탄이 보여준 파멸적인 결과는 '전략적 이용'이라는 승전국들의 야심을 오히려 더 부추겼다. 우라늄을 더 손쉽게, 안정적으로 확보하려는 승전국들의 각축이 치열해진 것이다.

그래서 우라늄을 채굴하는 광부들의 건강 문제쯤은 부수적인 것에 불과했다. 미국은 인접국인 캐나다 광산에서 우라늄을 캤으며, 구 소비에트연방은(소련)은 구 동독지역, 체코슬로바키아, 헝가리, 그리고 불가리아에서 우라늄 채굴을 독려했다. 수천 명에 달하는 우라늄 광산 노동자들은 환기도 제대로 되지 않는 갱도에서 라돈 가스로 오염된 미세먼지를 마시며 중노동을 해야 했고, 장기간 근무한 노동자들은 결국 폐암으로 시름시름 앓다가 죽어갔다. 구 동독의 비스무트(Wismut) 지역 갱부들도 마찬가지였다. 한때 비스무트 지역에는 총 10만 명이 넘는 광부가 고용된 적도 있었다.

대부분의 우라늄 광산은 그 함량이 고작해야 0.1퍼센트 정도이므로, 적정량을 얻기 위해서는 어마어마한 양의 채굴이 불가피했다. 그 과정에서 광부들은 물론이고 인근 지역과 그곳의 주민들도 지속적으로 방사선에 오염되는 결과를 낳았다.

1970년대부터는 우라늄을 취급하는 개인사업자들이 출현하면서 민간 핵발전소가 번성했고, 이제는 정부만이 유일한 분열재 수요자가 아니라 개인사업자들에 의한 우라늄 민간시장이 형성되기에 이르렀다. 또한 채굴 노동자의 열악한 노동조건도 군사적·전략적인 이유로 정당화되기 어려워졌다.

그 후 냉전이 종식되면서 이런 추이는 또 한 번의 근본적인 변화를 맞이했다. 우선 우라늄의 군사적인 수요는 눈에 띄게 줄어든 반면, 일차적으로 미국과 소련의 우라늄 재고가 민간시장에 공급되었다. 또 핵무기 억제의 성과로 무기제조에 쓰이던 방대한 양의 고농축 우라늄도 이내 시장에 풀렸다. 인류 역사상 전쟁무기가 이렇게 광범위한 규모로 민간경제에 투입되고 순환된 적은 없었을 것이다. 강한 폭발성 폭탄물질 고농축 우라늄─옮긴이은 이제 역으로 자연적인, 좀 더 묽은 상태의 우라늄(우라늄238. 여기서 분열 가능한 동위원소 우라늄235가 추출됨)과 섞이고 '희석'되어 기존 원자력발전소에 핵연료로 공급되었다.

이런 특수한 배경에서 전 세계적으로 전력생산을 위한 우라늄 거래가격이 전체적으로 내려가게 되고, 비교적 양질의(함유량이 높은) 우라늄을 생산하는 광산들만 살아남게 되었다. 어쨌든 2010년까지 전 세계의 원자력발전소에서 분열재로 쓰는 우라늄 양의 절반은 우라늄 광석에서 뽑아내고 농축시킨 '신선한' 것이 아니라 초대강국들이 보유해온 핵무기를 '희석'한 우라늄으로 충당될 것으로 보인다.

그러나 냉전시대의 잔재인 군사 부문의 우라늄 보유량도 이제 서서히 바닥을 드러내고 있는 실정이다. 이미 국제시장에서 우라늄 가격은 다시 상승세로 돌아섰으며, 한동안 계속 상승 곡선을 그릴 전망이다. 이에 따라 폐업 중이던 우라늄 광산이 조업을 재개하는 것은 물론이고, 원자력발전의 수명연장과 전 지구적인 원자로 보유고가 확대될 추세이다. 그 때문에 수익성이 없어 개발되지 않았던 광산들까지도 새로 개발될 것으로 전망된다. 미량 성분인 우라늄의 특성상 더 넓게, 더 많이 개발돼야 할 우라늄 광산 개발은 지표에 방사능 동위원소가 평균값 이상으로 웃돌게 할 수밖에 없다. 나아가 이것은 그 지역 주민들의 건강과 환경에 심각한 영향을 끼치는 방사능의 오염 문제가 출현됨을 뜻한다.

우라늄의 공급부족 사태는 우라늄 생산국과 소비국 간의 심각한 불균형 상태를 더 심화시킬 것으로 예견된다. 전 세계적으로 캐나다와 남아프리카공화국만이 우라늄을 수입하지 않고 핵에너지를 생산하고 있다. 프랑스, 일본, 독일, 한국, 영국, 스웨덴, 스페인과 같은 나머지 핵심 원자력 국가는 우라늄을 거의 보유하고 있지 않거나, 미국과 러시아처럼 자국의 원자로를 장기적으로 가동하기에는 턱없이 부족한 매장량을 보유한 나라들이다. 다시 말해 원자력은 세계 대부분의 나라에서 자급적인 에너지원이 아닌 셈이다.

특히 러시아는 매우 가까운 미래에 심각한 우라늄 수급 위기에 봉착할 것으로 관측된다. 이것은 전체 핵연료 수요량의 3분의 1을 러시아에 의존하고 있는 유럽연합의 원자력발전소 운영회사들에게도 심각한 타격을 주는 매우 우려할 만한 상황이다. 러시아뿐 아니라 중국과 인도 역시 그들의 원자로 보유고를 계속 확대한다면, 조만간 우라늄 수급에 애로를 겪게 될 것이다.

위에서 언급한 내용을 종합하면, 전 세계에 있는 436개 원자력발전소들은 앞으로 우라늄 수급이 점점 불안정할 수밖에 없다. 연료 공급도 여의치 않으며, 폐기물 처리도 여전히 문젯거리이다. 수많은 나라들에서 논의되고 있고 몇몇 정부에 의해 추진되고 있는 새로운 원자로의 건설은 이런 불안정성을 더욱 심화시킨다. 현재로선 어쨌든 분열재 원료인 우라늄이 간신히 수익성을 맞추는 선에서, 그리고 대부분 턱없이 높은 비용으로 채굴되고 있는 실정이다.

이런 실정을 감안하면, 전 지구적 차원에서 예고되어 있는 원자력발전소 확대 전략은 빠르게 플루토늄 경제로 접어드는 길을 따라야만 할 것이다. 궁극적으로 플루토늄 경제로 접어들면 재처리시설은 도처에 건설되고, 고속증식로는 표준형 원자로가 된다. 그러나 이러한 발전 경로는 현재의 원자력이 안고 있는 위험성을 더욱 누증시킬 것이며, 고준위 방사능 폐기물은 몇 갑절 더 늘어날 것이다. 따라서 최종 핵폐기물처리장의 규모도 그에 상응할 정도로 커져야 하고, 입지후보를 물색하는 일도 지금보다 더 잦아질 것이다.

2011년 기후변화로 수온이 상승한 노르웨이의 피요르드. 수온 상승으로 피요르드의 표면이 얼지 않은 적이 세 번째이며, 지난 30년 동안 노르웨이의 킹스 빙하는 4.5킬로미터 가라앉았다. ©EPA

원자력은
기후보호를
위해
존재한다?

원전의 수명연장을 반대하는 것은 단지 '사고위험성' 때문이 아니다. 여기에는 연장된 원전들이 에너지 수급체계의 구조개편에 제동을 걸고, 나아가 전적으로 이런 구조개편을 중단시킬 것이라는 중요한 이유도 포함되어 있다.

오늘날 전 세계에서 관찰되는 기상이변들과 이를 토대로 밝혀진 과학적 진실은 '이제 기후변화는 의심할 수 없는 현실'임을 분명히 알려주고 있다. 인류공동체는 기후변화와 지구온난화를 억제하려고 노력 중이고, 이를 위해 무엇보다 온실가스 배출 감축이 절실하다.

기후전문가들은 21세기 중반까지 산업국가들의 이산화탄소 배출량을 지금보다 적어도 80~95퍼센트까지 감축해야 한다고 주장한다. 또한 인구가 많고 고속성장 중인 신흥산업국들에서 이산화탄소 배출량이 가파르게 증가하고 있는 것도 큰 문제라고 지적한다. 이들 국가에서 증가하는 이산화탄소 배출이 일단 꺾여야 하고, 중장기적으로는 이산화탄소 배출을 동결하거나 이전 상태로 되돌려야 한다는 것이다.

또 이들은 인류의 생존을 위해서 중국, 인도, 인도네시아, 브라질과 같은 신흥산업국들이 화석연료에 의존해온 북반구 산업국의 에너지집약적인 발전 모델을 그대로 따라가서는 안 된다고 주장한다. 이들 신흥산업국들은 기존의 산업국에 비해 훨씬 적은 에너지로도 살아갈 수 있어야 한다는 것이다.

한편 원자력 옹호론자들은 원자력기술이 '지구온난화'라는 위기상황을 해결할 수 있다고 주장하는데, 이것은 그리 놀라운 일이 아니다. 이들은 거침없이 원자력에너지가 온실가스 배출을 감축시킬 능력이 있다고 주장하고, 바로 그것이 미래의 원자력기술이 맡아야 할 역할이라고 강조한다. 이들이 주장하는 원자력기술의 미래 역할(온실가스 배출의 감축 역할)은 기존의 산업국가와 신흥산업국, 개발도상국에서 새롭게 불붙은 원자력의 미래 역할에 관한 논쟁을 해결할 요소라는 것이다. 정체와 몰락의 수십 년을 보낸 원자력기술 옹호론자들이 '핵에너지의 부흥기'를 독촉하고 희망하게 만드는 원동력은 바로 이런 원자력의 미래 역할이었다.

원자력발전소가 가동될 때는 실질적으로 이산화탄소(CO_2)를 발생시키지 않는다. 그래서 원자력 추종자들이 '원자력의 사용이야말로 기후온난화 방지에 절대 불가피하고도 필연적'이라고 말하는 것이다. 이미 수년 전에 뒤셀도르프(Düsseldorf)의 거대 전력회사인 '에온'의 회장 불프 베르노타트(Wulf Bernotat)는 다음과 같이 자신의 생각을 털어놓았다.

"미래를 위한 에너지 의제에서는 두 개의 목표, 즉 '원자력 포기'와 '이산화탄소 배출의 급격한 감축' 사이에 존재하는 갈등이 다뤄져야 한다. 동시에 두 개의 목표를 지향하는 것은 불가능하다. 그것은 순도 100퍼센트의 몽상에 불과하다."(Berliner Zeitung, 2005. 12. 3.)

세계 최대 민영전력회사의 회장이 이렇게 말했듯이 '원자력을 통한 전력생산'이 지속되어야 한다는 주장의 핵심 논거는 대다수 전통적인 에너지 경제권의 사업자들과 마찬가지다. 즉, 이들의 주장은 원자력 활용이 없는 기후보호는 이미 실패한 것으로 보아야 한다는 것이다. 원자력 로비스트들이 이제껏 가장 심혈을 기울여 만든 광고 캠페인의 표제어 역시 '사랑받지 못한 기후보호자'이다. 이 매혹적인 모티브는 우리에게 한 광고를 떠올리게 한다.

뒤에는 따사로운 햇빛이 내리쬐는 브룬스뷔텔 원자력발전소가 멀리 있고, 앞으로는 엘베 강둑에서 평화로이 풀을 뜯는 양들의 모습이 보인다. 그리고 천천히 자막이 흐르기 시작한다.

"이 기후보호자는 '교토 의정서'를 지켜내기 위해 하루 24시간 싸우고 있습니다."

이 광고내용의 진실을 말하자면, 이 낡은 원자력발전소는 기술적인 문제와 함께 안전관리상의 심각한 결함이 문제로 제기된 가운데 다른 어떤 것도 아닌 바로 자신의 생존을 위해서 처절하게 사투 중이라고 할 수 있다. 그것도 2007년 여름 이래로 2년 넘게 말이다. 그리고 이 원자력발전소는 그 사이에 단 1킬로와트시(kWh)의 전력도 공급하지 않았다.

여론은 원자력에너지를 기후보호자로 둔갑시킨 이 선동적인 광고에 어떤 문제가 있는지를 주목하기 시작했다. 왜냐하면 원자력에너지는 광고내용과는 전혀 딴판으로, 전 지구를 뒤져봐도 피부로 느낄 만한 문제해결 능력을 지니고 있지 않았기 때문이다. 실제로 전 세계의 전력수급에서 원자력에너지의 영향력은 향후 10년 동안 급감하게 될 것으로 보인다. 이는 2009년 가을에 바젤(Basel)의 컨설팅회사인 프로그노스(Prognos AG)에 의해서도 전망되었다.

독일 연방방사선방호청(Bundesamt für Strahlenschutz)이 분석을 의뢰한 한 보고서에서, 프로그노스의 미래학자들은 부흥의 취기에 젖은 원자력 경제를 확 깨울 만한 다음과 같은 관측을 내놓았다. 보고서에 따르면, 세계 전체의 전력수요를 충당하는 에너지원 가운데 원자력이 차지하는 비율은 2006년 14.8퍼센트에서 2020년 9.1퍼센트로, 2030년에는 7.1퍼센트까지 계속 줄어들 것으로 예측되었다(Prognos AG, 2009). 이에 대해서는 뒤에서 다시 언급하기로 하자.

지속 가능한 기후보호의 걸림돌이 되는 원자력에너지

이런 소수의 조사결과만으로도 확실해진 게 하나 있다. 원자력에너지는 국제적인 기준에서 기후문제 해결의 일부를 담당할 만큼 큰 규모로 존재하지 않는다는 점이다. 다른 한편으로 현재 임박해 있는 세계 에너지 체계의 구조개편으로 원자력에너지는 결코 문제해결의 열쇠가 아니라, 오히려 문제의 일부가 된다는 점이다. 그리고 이것은 점점 더 많은 나라들이 에너지 전환(태양, 풍력, 수력, 바이오에너지, 지열 등)을 위해서 고갈되지 않는 에너지원에 기초한 에너지 체제를 지향할수록 더욱 심화된다는 것이다.

　이러한 전환기 시대에 새로운 원자력발전소의 경쟁력이란 없다. 오히려 원자력발전소는 기후문제의 포괄적인 해결에서 걸림돌로 작용하기 때문이다.

　이에 대한 명확한 진상을 파악하기 위해 다른 누구도 아닌 불프 베르노타트(Wulf Bernotat)에 의해 움직이는 거대 전력공급 회사 '에온'이 아주 훌륭한 이정표 역할을 하고 있다는 점이 무척 이채롭다. 물론 에온이 이를 의도한 것은 아니며, 사태의 전후맥락은 다음과 같다.

　2009년 초에 영국 정부는 에너지 정책에 관한 청문회를 열었다. 이 청문회에선 영국 정부가 2008년에 발표한 재생가능 에너지의 확충 전략이 논의되었다. 이 전략은 유럽연합 기준에 부합하도록 자국 내의 전체 전력수급 가운데 생태전력이 차지하는 비율을 일단 3분의 1로 끌어올리고, 지속적으로 이 비율을 높여가는 것을 목표로 하고 있다.

그런데 서면으로 이루어지는 청문회 절차에서 에온과 전적으로 원자력 의존적인 프랑스의 거대 국영전력회사 엘렉트리시테 드 프랑스(EDF—줄여서 '프랑스전력'이라고 칭함)가 공문을 보내면서 발언권을 신청하고 들어왔다(UK Department for Business, Innovation and Skills, 2008).

공문에서 두 회사는 먼저 경보를 울렸다. '에온'과 '프랑스전력'은 재생가능 에너지를 끝없이 지원하는 것을 경고했다. 그러면서 만약 끝없이 지원할 경우에는 이 섬나라에 원자력발전소를 짓겠다는 계획을 철회할 수밖에 없다고 엄포를 놓았다. 에온의 로비스트들은 사실상 영국 정부에 생태전력 비율을 최대 3분의 1로 제한하라고 종용한 것이다. 이는 보수파인 기민당-자민당 행정부의 계획을 살펴보아도 독일에서는 2020년에 도달이 가능한 수치이다.

'프랑스전력'은 자신들이 보낸 공문을 통해, 전체 전력수요에서 차지하는 생태전력 비율이 25퍼센트를 넘어가게 되면 계획 중인 원자력발전소의 신축을 처음부터 다시 생각할 수밖에 없는 이유를 조목조목 설명했다.

반면 독일에서는 에온과 에온의 소속회사가 소위 불연속적으로 매입되고 있는 풍력과 태양전력과 원자력에너지 사이의 '시스템 갈등' 자체를 부인한다 전력생산이 일정하지 않은 재생에너지 시스템과 항

. 이렇게 이중적인 잣대를 대는 동기는 분명하다. 영국에서 원자로 신축을 막게 될 요소들로 인해 독일─2009년 기준으로 이미 전체 전력의 16퍼센트를 재생가능 에너지로 얻는─에서 원자력발전소 운영 회사들의 낡은 원자력발전소 수명연장에 의문이 제기되는 일이 없도록 하기 위해서이다.

원자력발전소가 경제적인 이유와 안전공학적인 이유에서 크게 요동치는 전력 수요 변동을 감당할 수 없을 것이라는 점에는 논란의 여지가 없다. 게다가 이런 수요 변동은 계속 증가하고 있는 생태전력량에 의해서도 가속될 것이다. 원자력발전소는 수개월 동안 언제나 최대 출력을 공급한다. 이를 위해 원자력발전소가 건설되었고, 이러한 점 때문에 원자력발전소는 운영업자들에게 그토록 매력적이었다.

물론 오늘날 몇몇 원자력발전소들은 상층 용량 범위 내에서 출력 조절이 가능하다. 그러나 이런 방식도 원자력발전소의 경제성에는 손실이 된다. 왜냐하면 소위 전력부하에 따라 출력을 조절하는 방식(load follow operation)으로 원자력발전소를 운영하는 것은 엄청난 비용을 들이고 적은 양의 전기를 생산해서 파는 것이기 때문이다. 게다가 이것은 안전에 큰 부담이 될 수밖에 없다. 원자로 출력의 끊임없는 변화는 발전소의 핵심 구성요소들에 기계공학적·열역학적·화학적인 의미에서 추가적인 부담과 손상을 주기 때문이다.

이러한 문제는 프랑스전력이 재생가능 에너지로의 전환 전략에 관한 영국 정부의 청문회에 보낸 공문에서도 확인된다. 유럽형 가압경수로(EPR)의 예를 들면서 프랑스전력의 공문 작성자는 아주 상세하게 '왜 생태전력이 영국 전체 전력생산량의 25퍼센트 이상을 차지해서는 안 되는지'를 설명했다. 그리고 그 이유는 원자력발전소의 출력조절의 한계 때문이라고 했다. 유럽형 가압경수로와 같은 초현대적인 원자로조차 재생가능 에너지가 전력수급에서 차지하는 비율이 아주 높지 않을 경우에만 생태전력 생산에서 나타나는 자연스러운 출력변화 진동을 겨우 따라잡을 수 있다는 것이다.

결국 지속 가능성과 기후보호를 겨냥한 전력수급 체계에서 원자력기술과 생태전력 기술은 불가피하게 서로에게 걸림돌이 되고 있다.

영국의 생태전력 비율은 2010년에도 겨우 몇 퍼센트에 불과해서 지속 가능한 에너지 수급체계와는 한참 멀어져 있다. 하지만 독일의 상황은 매우 다르다. 독일에서는 서로 경쟁하는 두 에너지 수급체계가 벌이는 '시스템 갈등'이 확연히 드러나면서 이 갈등이 해가 갈수록 첨예해진다. 원자력발전소의 출력조절 능력이 제한적이기 때문이다. 따라서 원자력발전소는 앞으로 계속 증가하는 풍력과 태양력에서 생산되는 전력량에 상응하여 전력 네트워크에서의 전력량을 보정하는 기능을 담당하기 어려울 것으로 보인다.

이런 현상이 빚어내는 결과는 라이프치히에 있는 '전력거래소(EEX)'에서 이미 여러 차례 아주 분명하게 관찰되었다. 2008년 가을 이래로 점점 더 빈번하게 이 거래소에선 소위 '부정가격(negative strompreise)'이 등장했다. 다시 말해 전력공급 회사들이 생산한 전기에 대해 자신들이 돈을 지불해야만 하는 상황이 벌어진 것이다. 얼토당토않은 것처럼 들리는 이런 상황은, 특히 독일에서 강한 바람이 불고 이와 동시에 전력수요가 줄어드는 날(전형적으로 주말 또는 공휴일)에 주로 발생한다.

예를 들면 2009년 성탄절 기간이 그랬다. 이때 놀랍게도 11시간 동안이나 전기의 국제시장 가격이 '0' 아래였다. 다시 말해 전력공급 회사들이 오히려 구매자에게 돈을 주고 전기를 넘겨야 하는 상황이 무려 11시간이나 지속된 것이다. 1메가와트시(MWh)당 가격이 '−120유로'로 떨어지자, 전력공급 회사는 오히려 자신들이 생산한 전기에 대해 1메가와트시당 120유로씩 돈을 내고 팔았던 것이다. 12월 26일의 경우, 전력가격은 종일 1메가와트시당 평균 '−35유로'에서 왔다갔다했다.

이런 상황에서도 계속해서 전력망과 거래시장에 전기를 제공할 수밖에 없는 거대 발전소 운영자들은 그 기간 동안에 수십만에서 수백만 유로를 날려버린 것이다. 그런데도 전력공급자들이 소위 원자력발전소를 몇 시간 동안이나 가동시키고 그에 따른 비용을 지불하는 것 남아도는 전기를 전력거래 시장에서 마이너스 가격으로 팔게 되는 것—옮긴이은 무엇 때문일까?

　그 이유는 육중한 원자로 입상들의 출력을 저하시켰다가 몇 시간 후에 다시 상승시키는 것보다 차라리 돈을 지불하면서 전기를 파는 것이 아직까지는 비용이 훨씬 덜 들기 때문인 것으로 보인다.

원자력에너지는 어떻게 재생가능 에너지의 성장을 방해하는가

　원자력과 재생가능 에너지 사이에는 분명히 살얼음판을 걷는 듯한 '시스템 갈등'의 위협이 항상 존재하며, 이는 논쟁의 여지가 없다. 재생가능 에너지의 전력생산량은 해마다 늘어나는 추세이고, 기상 조건만 맞는다면 재생에너지 생산량은 앞으로 더욱 늘어날 것이다. 또한 전력공급망에서 생태전력 우선권의 규칙이 유지되는 한, 거대 원자력발전소가 몇 시간 혹은 며칠 동안 출력을 낮춰 가동하는 경우에는 재생에너지 생산이 점점 빈번해질 것이다.

　　독일에서 2009년 말에 발생한, 거대 전력회사들에게는 결코 달갑지 않았던 성탄절 선물은 그 시작에 불과했다. 앞으로는 이런 일이 원자력의 위치를 위협할 정도로 자주 일어날 수도 있다.

　　독일 연방정부의 계획에 따르면, 2009년 현재 전체 전력공급량 가운데 16퍼센트를 차지하는 생태전력 비율은 2020년을 기점으로 두 배가 된다. 독일의 '재생가능한 에너지연맹(Bundesverband Erneuerbare Energien, BEE)'은 심지어 이 비율을 세 배까지 늘릴 수 있다고 내다본다. 카셀(Kassel)에 있는 프라운호퍼연구소(Fraunhofer)의 '풍력에너지와 에너지시스템기술연구소(Institut für Windernergie und Energiesystemtechnik: IWES)'는 이런 관측에 기초해 독일의 전력수급 모델을 구성하고 모의실험을 실시했다. 그 결과, 상시 운영을 전제로 건설된 거대 발전소는 미래의 독일 전력수급 시스템에서 점점 설 자리를 잃어갈 것으로 전망되었다(Fraunhofer IWES, 2009).

　　원자력발전소를 운영하는 거대 전력회사들이 부득불 재생가능 에너지의 확산을 막기 위해 모든 로비를 총동원하는 것의 배후에는 바로 이런 전망들이 자리 잡고 있다. 로비의 성과가 빠르게 나타날수록 전력망에는 더 많은 원자력발전소들의 잔류가 가능한 것이다. 그러나 원자력발전소의 수명연장을 허가해준 독일 연방정부와 이들이 비호한 거대 전력회사 사이에는 이미 심각한 갈등이 예정돼 있으며, 그 이유는 다음과 같다.

원자력발전소의 수명연장을 반대하는 것은 단지 '사고위험성' 때문만이 아니다. 여기에는 연장된 원전들이 에너지 수급체계의 구조개편에 제동을 걸고, 나아가 전적으로 이런 구조개편을 중단시킬 것이라는 중요한 이유도 포함되어 있다.

태양과 우라늄 사이의 '시스템 갈등'은 이웃 섬나라 영국보다는 독일에서 훨씬 더 급박하게 전개되고 있다. 그럼에도 이런 갈등이 정치가들에게는 여전히 충분해 보이지 않는 듯하고, 반면에 경제학자들에겐 그렇지 않다. 컨설팅 회사인 프로그노스는 향후 재생가능 에너지의 확산으로 인해 원자력발전소의 출력 저하가 더욱 빈번할 것으로 내다보았다(Prognos AG, 2009).

한편 연방정부가 설치한 '환경전문가 자문회의(Sachver-ständigenrat für Umweltfragen: SRU)'는 2009년에 발표한 논제 정리 보고서에서 원자력과 재생가능 에너지원의 공존은 불가능하다고 단언했다.

이 자문기관은 "석탄 또는 우라늄을 원료로 삼는 거대 발전소의 유지와 확대는 재생가능 에너지를 최대 전력생산 주체로 확대, 발전시키는 것과 정책적으로 호환되지 않는다"고 분명하게 밝혔다. 자문회의는 또 "시스템에 대한 결정을 내려야만 한다"며, 재생가능 에너지 수급체계로 확실하게 가닥을 잡기 위해서라면 "두 노선을 동시에 걷는 것이 기술적으로도 경제적으로도 무의미하다"고 덧붙였다.

거대 전력회사들은 이 발표에 대해 철저하게 함구하고 있다. 그들은 무엇보다 그러한 발표로 인해 원전의 수명연장 논쟁의 부조리성이 만천하에 드러나는 것을 두려워하기 때문이다. 연방정부가 수명연장을 결정하는 즉시 그들은 독일의 전력망에서 집행되는 재생가능 에너지의 법률적 우선권의 철회를 위해 강력한 투쟁도 불사할 것으로 예측된다.

이제 다음의 사실들이 분명해진다. 미래의 에너지 시스템을 두고, 즉 재생가능 에너지와 원자력 간의 관계에 대한 논란은 원자력 광고물이 우리에게 거짓으로 꾸며대고 있는 것과 다르게 이미 오래전부터 더 이상 '양립과 공존'의 문제가 아니었다. 이것은 어디까지나 '선택과 결단'의 문제이다.

거대 에너지 공급회사들이 그 알량한 수사로 우리에게 들이대는 '폭넓은 에너지 혼합'은 사실상 작동하지 않는다. 그것은 재생가능 에너지가 에너지 공급의 전반을 책임지는 시스템에서는 결코 제대로 작동할 수가 없다.

물론 이런 에너지 수급체계는 2009년 독일 연방정부가 체결한 연정각서에 따라 추구되고 있기는 하다. 그러면서도 동시에 거대 전력회사들에게도 원자력발전소의 수명연장 가능성을 약속하고 있다. 그러나 이런 이중 전략은 제대로 실행되기 어렵다. 연방정부는 원으로 사각형을 만들겠다는 것처럼 도저히 실현 불가능한 일을 시도하고 있는 것이다.

세계자연보호기금(WWF)은 '2050년까지의 기후보호—모범사례 독일'이라는 연구를 통해 어떻게 독일이 장기적으로 에너지정책적 목표와 기후정책적 목표에 도달할 수 있는지 조사했다 (WWF Deutschland, 2009). 이 연구의 메시지는 간단하다.

> 기후보호는 충분히 가능하다. 하지만 이는 모든 에너지 부문들에서 근본적인 구조개편이 이루어지고, 몇몇 부문(전력 부문이 이에 속한다)들이 40년 안에 이산화탄소 배출에서 점차 벗어나는 것으로 가능하다. 여기서 반드시 전제될 것은 정치적인 의지이다. 전통적인 경제의 저항에 부딪치더라도 구조개편을 반드시 관철시키겠다는 정치적인 의지 말이다.

독일과 마찬가지로 오늘날 에너지의 생산과 소비 면에서 더 큰 효율성을 달성하는 것은 국제적으로도 중요한 관건이다.

이때의 효율성은 산업생산 과정과 교통 부문은 물론이고 건설 분야와 일반 가정에 이르기까지 거의 모든 부문들을 아우른다. 중간 단계로 석탄을 천연가스로 전환해야 하고, 재생가능 에너지 생산이 점점 더 증가해야 한다. 그리고 결국 이 재생가능 에너지가 모든 에너지 수급을 담당할 수 있어야 한다.

석탄과 천연가스 사용에서 발생하는 온실가스, 즉 이산화탄소를 분리수거해서 지표 밑의 지질층에 저장한다는 '청정석탄기술(Clean-Coal-Technology)'도 효과가 있는 것인지, 언제 어디서 가능한지도 앞으로 입증되어야 할 것이다.

독일 연방정부의 '환경전문가 자문회의'가 밝히는 것처럼, 앞으로 새로운 에너지 시대를 여는 전면적인 구조개편 과정에서 원자력에너지는 여러 가지 이유로 걸림돌이 될 것이 분명해 보인다. 이는 단지 대규모의 기저부하 발전소(Base-load Power Station)[10]들이 전력 부문에서 재생가능 에너지로의 전환을 강력하게 방해할 것이기 때문만은 아니다.

'재앙적인 위험 가능성' 외에도 원자력발전에 엄청난 규모의 공학적 능력들이 동원되고, 여기에 재정 수단들도 병행되면

10) 일정 기간 동안 총 수요량이 변하지 않고 계속적으로 부하가 걸리는 기저부하에 전력을 공급하는 발전소. 수요변동에 따른 발전기의 출력 조정이 적으므로 24시간 동안 계속 운전하게 된다.

서 시스템 개편에 필요한 재정 수단들이 잠식되기 때문에 원자력은 '방해기술'로 작용하게 된다. 또한 그 어떤 기술도 원자력에 견줄 만한 위험성에 처해 있지는 않다는 점도 덧붙일 수 있다. 순간적으로 발생하는 심각한 사고 한 번, 혹은 테러리스트들의 공격 한 번으로도 이 기술의 사회적 수용은 완전히 사라져버릴 수 있다. 그러므로 적어도 민주국가라면 서둘러 원자로의 가동을 중지시켜야 할 것이다.

인류의 생존을 위협하는 두 가지 문제
—기후변화와 재앙적인 원전사고

국제사회가 추구하는 기후보호 목표를 달성하려면 화석과 핵을 주된 에너지원으로 삼는 현재의 에너지 시스템에서 벗어나 완전히 재생가능 에너지 공급 시스템으로 이행하는 것 외에는 다른 대안이 없다.

이러한 재생가능 에너지 시스템은 오늘날 알려진 기술들과 지금 당장이라도 상용화될 수 있는 대부분의 기술로 충분히 이루어질 수 있다. 따라서 하루라도 빨리 시작할수록 나중에 치러야 할 비용을 줄일 수 있다. 이 이행의 끝에는 인류 전체의 생존을 위협하는 두 가지의 위험(전 지구적인 기후변화와 재앙적인 원전사고)을 최소화하면서도 지속 가능한 에너지 시스템이 출현하게 될 것이다.

원자력 옹호론자들이 수없이 떠들어온 소위 '효과적인 기후보호냐, 원자력에너지의 포기냐'라는 '목표 갈등'은 자신들의 이해관계를 위해 날조한 허구에 불과하다는 사실이 드러나고 있다. 악마와 사탄 중에 무엇을 선택할 것인가를 두고 갈등하는 것은 정말 쓸데없는 짓이다.

현재의 독일 행정부는 전력생산 부문에서 이산화탄소 배출을 2020년까지 1990년 대비 40퍼센트 감축하는 목표를 제시했다. 그런데 만약 원자력발전을 확대함으로써 이 목표를 달성하려 한다면, 이것은 독일에 적어도 10기 이상의 원자력발전소들이 새로 들어서는 것을 의미한다. 이뿐만이 아니다. 당연히 일부 원자력발전소들은 그 사이에 수명을 다하고 폐쇄될 것이기에 이를 보충하는, 즉 추가적인 원전 건설도 고려해야 한다.

그러나 이미 2002년에 연방의회 내에 설립된 '앙케트위원회(Enquetekommission)'는 이산화탄소 감축 목표를 원자력발전소에만 의지한다고 가정하고 2050년까지의 이산화탄소 감축 시나리오를 도출해 보았다. 과학자들은 2050년까지 적게는 60기에서 많게는 80기까지 새로운 원자력발전소가 필요하다고 보았다. 2010년까지 독일에서 운영 중인 원자력발전소가 모두 17기라는 사실과 비교해볼 때, 60~80기의 위험성은 상상하고도 남는다.

독일에서만도 사정이 이러할진대, 기후보호라는 명분 아래 전 세계가 원자력이라는 전략을 선택한다면 과연 어떤 일이 일어날까? 그 선택의 결과로 발생할 수 있는, 누구도 원치 않는 미래의 일을 떠올리는 데에는 이제 상상력도 필요하지 않다.

세계기후자문회의인 IPPC(기후변화에 관한 정부 간 패널)가 요구하는 이산화탄소 감축 요구에 부응하며 확연한 기후보호 효과를 거두기 위해서는 아마도 수천 기의 새로운 원자로가 건설돼야 할 것이다. 전력과 동시에 대재앙의 위험성을 생산하는 나라는 지금처럼 30여 개의 나라만이 아니라 50~60여 개의 국가 또는 그 이상일 것이다.

이렇게 되면 수천 기에 이르는 '재앙의 화덕'들이 지구 전체로 퍼져나갈 것이다. 분쟁지역에서는 새로운 형태의 군사적 공격과 아울러 테러리스트들의 새로운 공격목표가 생겨나는 셈이다. 이뿐만이 아니다. 최종 핵폐기물처리장 문제와 제어되지 않는 핵무기 확산의 위험은 세계의 모든 지역으로 퍼지고, 이제껏 경험하지 못한 차원으로 도달할 것이다. 이미 빠듯한 우라늄 매장량으로 정말 머지않은 시대에 지극히 위험하고 훨씬 더 치명적인 플루토늄 경제가 지구상에 도래할 것이다.

또 오늘날 주로 사용되는 경수로들은 빠르게 재처리시설

과 고속증식로들로 교체되어 사라질 것이다. 그리고 전 세계의 빈곤 퇴치 대신에 어마어마한 규모의 재정수단이 원자력 기반시설의 확대를 위해 투입되어야 할 것이다.

1986년 4월 26일, 노후한 체르노빌 원전의 폭발로 유령도시가 된 프리퍄티(Pripyat) 시의 2007년 모습. 뒤쪽에 완전히 봉인된 체르노빌 원전이 보인다. ©AP

여섯 번째
신화

원자력발전소의
수명은
늘어나야
한다?

도로를 건설할 때 누구도 A지점과 B지점 사이의 거리를 늘려주는 다리를 놓겠다는 멍청한 생각은 하지 않는다. 그런데 낡은 원자력발전소의 수명연장이 바로 그와 같은 생각을 하는 것과 같다.

새로운 천 년이 시작된 이후, 독일에서 새로운 원자력발전소 건설에 관한 논의는 고작해야 몇몇 아웃사이더들에 의해 제기되었다.

그런데 헤센(Hessen) 주의 총리였던 롤란트 코흐(Roland Koch)와 바덴−뷔르템베르크 주의 총리를 지냈고 지금은 유럽연합본부 에너지담당관으로 브뤼셀(Brüssel)에 있는 귄터 외팅어(Günter Oetthinger)는 이들 아웃사이더들과 종종 어울렸다. 하지만 기민련의 '젊은 사자'인 이들조차도 원자력발전에 관한 이야기를 꺼낼 때마다 당 동료들의 거센 비난을 받았다.

2009년 총선을 앞둔 2008년 12월의 연방전당대회에서도 이들의 원전에 관한 의제는 '독일에서 새로운 원자력발전소의 건설은 더 이상 안 된다'는 대다수 대의원들의 결의와 함께 야유를 받았다. 이것은 다가올 선거를 의식해 정치적인 부담을 덜겠다는 의도였다. 원자력발전소의 건설은 사실상 불가능한 일이었던 것이다. 특히 2002년 독일 연방의회에서 결의된 '원자력 포기에 관한 법률' 1조 7항은 "상업용 원자력 발전설비의 설치와 운영을 인가할 수 없다"고 분명히 못박아두었다.

2009년에 집권하게 된 기민당−자민당 연방정부도 일단은 원자력발전소의 신축 금지를 고수하고 있다. 그러나 정부의 이런 태도가 '에온'이나 '라이니쉐 베스트펠리쉐 발전회사(RWE)',

'에너지 바덴 뷔르템베르크(EnBW)', '바텐팔 유럽(VE)'과 같은 원전을 운영하는 회사들에게는 대수롭지 않은 일이었고, 그리 불쾌한 일도 아니었다. 사실상 이들 거대 전력회사의 최고경영자들이 온전한 정신을 가진 사람들이라면, 법적으로 금지하지 않았어도 더 이상 위험한 모험을 감행하려 들지는 않았을 것이다. 더구나 이미 거액의 이윤 대신에 끝없는 손실이 이들을 위협하고 있는 상황에서 말이다.

이들은 이전의 사민당—녹색당 연방정부가 정해둔 유효기간을 넘긴 원자력발전소들의 수명에 대해서만큼은 전혀 다른 양상을 보인다. 원전의 수명연장을 위해 사활을 걸고 분쟁 중인 것이다. 그러나 그들이 투쟁하는 이유는 기후보호를 위해서도, 수입 에너지로부터의 독립이나 에너지 수급 안정성을 위해서도, 소비자를 위한 저렴한 에너지 공급을 위해서도 아니다. 실제로 수명연장에 걸린 유일한 사안은 더 많은 돈, 더 많은 수익과 시장 확보일 뿐이다.

그렇다면 얼마나 많은 돈이 걸려 있는 걸까? 2002년 의회가 통과시킨 '원자력 포기에 관한 법률'이 그 효력을 발생할 무렵, 정치권은 이미 종지부를 찍었던 원전의 수명연장 문제를 시시때때로 의제화했다. 그러자 경제학자들이 그 액수를 여러 차례 조사한 바 있다. 연방정부가 연정 협약에 명시된 원자력 포기 정책

대로 실제 철회할 경우, 에너지산업 분야에 얼마나 큰 '돈의 폭설'이 내리게 될지 계산한 최근의 한 금융계의 분석을 보자.

2009년 여름에 있었던 바덴–뷔템베르크 주 은행의 시장분석에 따르면, 거대 전력회사들이 실제로 거두게 될세금과 사회적 기여금을 제외하지 않은—옮긴이 총 수익이 적게는 380억에서 많게는 2330억 유로한화로 약 57조 원에서 349조 5천억 원—옮긴이에 이른다. 여기서 최소 수치란, 모든 원자력의 수명이 법률이 정한 32년을 넘겨 약 10년이 연장되고, 동시에 이 기간 동안 전력가격의 시세가 큰 변동 없이 유지된다는 전제로 한 수익금이다. 최대치인 2330억 유로는 원전의 수명이 25년간 더 연장되고, 거래소에서 전력가격이 상대적으로 높은 시세를 형성할 때를 전제로 했다.

또한 여기에 추가되는 소득기대치는 4대 전력기업의 주식이 고공행진으로 이어지는 것이다. 이곳의 주거래은행은 바덴–뷔템베르크의 주식이 심지어 두 배까지 뛸 수 있다고 내다봤다. 당연한 귀결이겠지만, 이런 점에서 금융분석가들은 원자력발전소의 수명연장이 합리적이라고 여겼다.

이 엄청난 액수의 돈 때문에 사고위험이 높은데도 수명이 다한 낡은 원자력발전소들을 어떻게든 연장시켜 가동하려고 4대 기업이 사활을 걸고 싸우는 것이다. 법률로 정해진 '원자력의 포기'의 포기를 거저 얻을 순 없다는 것을 잘 알고 있는 그들은 도

덕적 이미지가 실추되는 것쯤은 얼마든지 그 대가를 치를 수 있다고 본다.

수년 전부터 원자력을 반대하는 사람들과 환경단체들은 '나부터 실천하는 원전 포기(Atomausstieg selber machen)'라는 캠페인을 벌이고 있다. 이들은 원자력발전소의 전력을 소비하는 고객들에게 원전에서 생산되는 전력을 '다른 에너지원의 전력으로 바꿀 것'을 제안하고, 전력공급회사도 생태전력회사로 옮길 것을 호소하고 있다. 그 캠페인의 여파와 함께 기업 소유의 브룬스뷔텔과 크륌멜 원전에서 일어난 일련의 고장사태로 인해서 원전 운영회사인 '바텐팔 유럽'은 수십만 명에 달하는 고객을 잃었다.

거대 전력회사들의 약속 깨기

2000년 6월 14일, 전력업계의 4대 대기업의 대리인들은 과거의 사민당-녹색당 연방정부와 원자력 포기 합의 과정에서 "여기 이 협정내용이 지속적으로 이행되도록 양측은 그에 상응하는 노력을 경주한다"고 엄숙하게 선언했다. 이 양해각서에 서명한 사람들 중 하나가 게랄트 헨넨회퍼(Gerald Hennenhöfer)이다. 헨넨회퍼는 법률가로서 1998년까지 환경부 내의 원자로부 수장을 맡았고, 그 뒤 세계 최대 전력회사 에온의 전신인 비악(Viag)의 경제정책팀장 자격으로 양해각서를 타결지었다. 그리고는 2009년 가을부터 다시 원자로안전부 부서장으로 원자력 포기(협약)를 되돌리기 위해 애쓰고 있다. 그런데 법률가 헨넨회퍼의 이러한 입장 바꾸기가 법률적으로 하자가 없는 것인지를 따지듯, 결국 이러한 '입장 바꾸기'가 정치적 논쟁의 대상이 되고 말았다.

합의문에 서명한 지 약 1년이 지났을 즈음, 에온의 최고경영자였던 울리히 하르트만은 "정치적인 타협도 결국에는 신뢰의 문제이다… 합의는 바로 이를 위한 첫걸음이다. 양자가 미래에도 합의문의 내용과 정신에 결속되어 있다고 느끼는 것이 무엇보다 중요하다"고 발언했다.

그 후 3년이 지났을 때, 이번에는 '에너지 바덴 뷔르템베르크'의 회장 우츠 클라센이 "원자력 포기 노선은 그 어떤 상황에서도 결코 변함이 없을 것"이라고 강조하면서 이렇게 덧붙였다.

"행정부 구성이 달라질 것이라는 추론은 하지 않겠다. 현수상게하르트 슈뢰더를 의미함—옮긴이에 대한 존경심이 이를 허락하지 않는다."

2005년 연방의회 선거를 앞두고 그는 아예 한술 더 떴다. 그는 이때 원자력 합의를 포기할 수도 있을 것임을 확실히 한 것이다.

"(에너지)업계가 먼저 나서서 정부에 '원자력 포기'를 지키라고 요구할 수는 없는 노릇이다. 업계 역시 밀고 당기며 담판을 짓고 타결하고 서명까지 한 것을 또다시 의문에 붙일 수도 없다."

그런데 연방의회 선거에서 여론조사를 통해 원자력에 우호적인 정당들의 행정부 구성이 현실적인 것으로 드러나기 시작하자, 전력업계는 과거의 행정부와 맺은 원자력 합의에 대한 무조건적인 계약 이행이 끝장난 것처럼 태도를 바꾸었다. 전력업계의 4대 대기업들은 발맞추어 원자력 포기 합의문에 담긴 내용과 결별해버린 것이다.

'원자력 포기' 합의문은 4대 기업의 회장들과 국가의 가장 중요한 대표자들이 엄숙하게 서약한 것이었다. 그러나 미국발 재정위기가 닥치기도 전에, 독일 국민들은 몇몇 세계 굴지의 기업 회장실에 언제나 존경할 만한 사업가만 앉아 있는 것이 아니라는 사실을 알았다. 그들이 존경할 만한 사업가들이라면 의심할 바 없이 독일 국민 다수의 바람을 담은 그 합의문을, 하다못해 악수를 나누거나 구두로만 체결했다고 하더라도 이행했을 것이다.

지난 2007년부터 '라이니쉐 베스트펠리쉐 발전회사'의 최고책임자로서 에너지업계의 최대 기업을 이끌고 있는 전 철강업자 위르겐 그로스만(Jürgen Großmann)은 2009년 선거가 끝난 후 "독일의 원전시설은 매우 안전하다"고 공개적으로 언급했다. 그에 따르면, 독일의 원자력발전소가 가동을 중지하고 폐쇄되어야만 하는 32년은 '한창때의 나이'라는 것이다. 그러면서 그는 "다른 나라들에서는 원자력발전소의 수명이 보통 50~60년 이상 된다"고 아주 결연하게 덧붙였다. 그러나 이는 사실과 다르다.

2009년 말에 영원히 작동을 멈추게 될 전 세계 130기의 원자력발전소들의 평균수명은 고작해야 23년에 이른다. 또한 2010년을 기준으로 전 세계에서 운영 가동 중인 원자력발전소들의 평균 나이는 25세이다. 40년이라는 시간을 넘긴 뒤에 이뤄진 '영원한 가동 중지'는 정말 손에 꼽을 정도이고, 이제껏 전 세계의 어떤 원전도 60년은 고사하고 50년을 넘긴 일이 없다(Prognos AG, 2009). 위르겐 그로스만이 자신이 운영하는 회사의 낡은 원자로를 고수하려고 안간힘을 쓰고 있어도 사실은 이와 같다.

추가이윤 뽑기, 어떤 결과를 낳을까?

기민련과 자민당의 대표자들은 거대 전력회사들이 요구하는 원자력발전소의 수명연장이 '결코 그냥 주어지지는 않을 것'이라고 누차 단언해왔다. 그러면서 이를 통해 벌어들이는 이윤의 일부는 때로 재생가능 에너지의 지원과 연구를 위해, 또는 전력가격의 인하를 위해, 그것도 아니면 시민들에게 혜택이 돌아갈 만한 일에 투입될 것이라고 강조해왔다.

2009년 가을에 원자력 사업자들은 그들이 희망한 정부가 실제로 정권을 수임하자, 이에 대한 화답의 신호를 보냈다. 그런데 독일의 첫 여성 연방 수상과 그녀의 환경부장관은 이들 전력업계 4대 기업들이 이미 전부터 합의문을 충실히 이행해오지 않았음을 주지시키려 애썼다. 사업자들이 늘 일관된 자세를 갖지 못했기 때문이다.

에온 사장단의 일원이었고 독일 원자력포럼의 대표직을 겸임했던 발터 홀레펠더는 2005년 연방의회 선거를 불과 며칠 앞둔 시기에 이뤄진 여론조사에서 기민련과 자민당의 승리가 거의 확실할 것으로 예측되자, 업계의 의중을 바로 드러냈다. 한 신문과 가진 인터뷰에서 그는 원자력발전소의 수명연장으로 발생하는 추가이득의 일부를 정부에서 다시 회수해가는 것에 대해 의문을 갖고 있다는 자신의 솔직한 의견을 내비쳤다.

"규제정책상이라 하더라도 기업활동의 이윤을 빼돌리는 것은 도저히 받아들일 수가 없다… 경제적으로 행동하는 기업들이 어떤 이윤도 얻을 수 없다면, 그렇다면 수명연장으로 기업이 얻는 것은 무엇인가?"

2009년 집권에 성공한 기민당─자민당 연방정부는 재생가능 에너지 시대로 넘어가는 '교량'으로서 원자력기술을 일정하게 제한된 기간 동안만 활용하려 한다는 점을 국민들에게 누차 확인시켰다. 그러나 이것은 전임 행정부의 원전 정책과 큰 차이가 없다. 전임 연방정부도 2000년에 원자력기술의 즉각적인 포기가 아닌 단계별 작별에 합의했던 것이다.

'원자력 포기' 법률에 따라 수명을 다해 퇴출되는 원자력과 그로 인해 발생하는 '전력결손'은 매년 연방환경부가 작성하는 재생가능 에너지 확산 예측치로 보정이 된다. 즉, 바람과 태양, 바이오에너지 발전소들에서 생산되는 전력량이 마지막 주자로 가동 정지되는 원자력 전력의 결손분을 꾸준히 능가할 것이다(BMU, 2009). 따라서 독일에선 2002년에 가결된 원자력 포기 법률을 이행하는 것만으로도 소위 말하는 원자력의 '교량 역할'이 2020~2025년 사이에 끝나버린다.

거대 전력회사들의 이윤 때문이 아니라면 원자력에 대한 합의내용을 바꾸어야 할 뚜렷한 이유가 없다. 또 가끔씩 예측되는 어쩔 수 없는 전력의 공백도 이유가 되지 못한다. 왜냐하면 충분한 발전능력을 갖춘 석탄과 천연가스 발전소들이 오래도록 전력망에 남아 있을 것이며, 게다가 새롭게 지어진 최신식 가스 발전소 등이 전력망에 추가되면서 전력의 공백은 있을 수 없기 때문이다.

원자력과의 영원한 결별은 '스마트'하게

진정한 의미의 도전은 그 다음 과제를 해결해나가는 것부터 시작된다. 특히 불안정적으로 생산되는 생태전력을 1년 내내 적시에, 그리고 적재적소에 안정적으로 공급하는 일이 굉장히 중요하다.

안정적인 생태전력 공급을 위해서는 전력망을 효율적으로 확장하고 재편시키는 동시에 외국 전력망과의 연계를 강화하고, 남아도는 원자력 전력을 흘려보내는 대신에 현존하는 전력저장 장치(풍력 전기를 저장하는 양수발전소 같은)를 투입할 필요가 있다. 이와 함께 새로운 전력저장 시스템을 개발한다면 이 문제는 능히 해결할 수 있는 과제이다(Solar-Institut Jülich/FH Aachen, 2009).

하지만 이런 새로운 에너지 수급체계로의 이행을 뒷받침하는 보조책들은 진전을 볼 수 없거나, 고작해야 정말 뒤늦은 진전을 볼 수 있을 것이다. 2만 메가와트급의 거대 원자력발전소가 생산하는 어마어마한 전력량이 전력망에서 점차 퇴출되는 게 아니라 오히려 앞으로 몇십 년이 넘도록 전력망을 채운다면 말이다.

도로를 건설할 때 누구도 A지점과 B지점 사이의 거리를 늘려주는 다리를 놓겠다는 멍청한 생각은 하지 않는다. 그런데 낡은 원자력발전소의 수명연장이 바로 그와 같은 생각을 하는 것과 같다. 이런 생각은 재생가능 에너지 시대로 이르는 길을 그만큼 더디게 하고, 이것을 계속 고수할 경우에 에너지 전환의 선두주자 독일은 불과 수년 안에 낙오자가 될 것이다.

2011년 3월 11일 일본을 강타한 대지진이 일어나고 같은 날 후쿠시마 원전에 사고가 발생했다.
사고 며칠 뒤인 3월 24일 작은 무인 항공기로 촬영한 일본 후쿠시마 원전의 모습. ⓒ AP Photo/AIR PHOTO

일곱 번째
신화

부흥기를
맞이한
원자력?

국가가 보증한 독점 전력공급회사가 있던 시절에는 설사 원자로 성능이 형편없어도 투자자들이 언제든지 전력소비자들로부터 투자금을 회수할 수 있다고 가정할 수 있었다. 그러나 자유화된 전력시장에서는 그렇지 않다. 원자력기술은 상궤를 벗어난 터무니없이 높은 초기 투자비용과 수십 년 지속되는 자본회수 기간으로 자유화된 시장에 이제 맞지 않는다.

상업적으로 원자력기술을 활용하고 있는 세계 30여 개 나라에서 원자력발전은 많든 적든 전기수급의 중요한 구성요소를 이루고 있다. 그리고 이것은 그 나라 국민경제의 토대에 속한다.

지금까지 그래왔듯이 미래를 결정하는 것은 결국 에너지경제, 즉 에너지의 수급과 확보에 관한 문제이다. 적어도 정략적이거나 군사전략적인 이해관계가 작용하지 않는 한 말이다. 그리고 이것은 정상적인 경우에 경영학적으로 아주 냉철하고 객관적인 합리성에 의해 이루어진다. 원자력발전이 미래에 '황금알을 낳는 거위'가 될 것인지, 아니면 정말 '밑 빠진 독에 물붓기'가 될 것인지에 대한 답은 다음과 같은 사정에 달려 있다.

만약 원자로가 별다른 큰 사고 없이 지난 20년간 전력을 생산해왔듯이 앞으로도 20년은 너끈히 이를 계속할 수 있다고 가정할 만한 충분한 근거가 있다면, 원자력발전은 분명히 '황금알을 낳는 거위'가 될 것이다. 어쨌든 모든 원자력 운영에 내재된 재앙이 실제로 일어나지 않는 한 말이다. 반면에 원자력발전소가 새로 설치되어야 하고 앞으로도 새로운 원자로 건설이 이어져야 한다면, 이런 프로젝트에서 얼른 손을 빼는 것이 좋다. 현명한 투자자들이라면 말이다.

그런데 적어도 재정적으로 예측하기 어려운 상황들에 대한 부담이 제3자에게 전가된다면, 그 사업은 투자할 만하다고 할 수 있다. 다시 말해 성실한 납세자나 전기소비자를 고려한다면 가능할 것이다. 사실상 원리적으로는 전 세계적으로 이러한 상황들이 벌어지고 있다고 볼 수 있다. 이것은 원자력발전소를 건설하고 운영하면서 이후에 발생하는 핵폐기물을 처리하는 주체가 국가인 경우에조차 이러하다. 그렇게 되면 원자력 사업자들이 벌이는 융숭한 파티의 술값을 국가의 시민들이 모두 치르게 된다.

오늘날 전력발전 분야에 대한 투자 결정을 내려야 할 입장에 있는 개인투자자들에게 원자력발전소는 그다지 매력적인 것이 아니다. 그동안의 경험이 이미 입증하고 있기 때문이다. 국제원자력기구가 조사한 통계에 따르면, 2010년 초에 전 세계 436기의 원자로에서 총 37만 메가와트의 전력이 생산되고 있다. 원자로 보유고는 2002년에 총 444기로 그 정점에 도달했고, 그 뒤부터는 지속적으로 줄어드는 추세이다.

세계에서 제일 많은 수(104기)의 원전을 보유한 미국의 원자로 건설업체들은 1973년 마지막 주문을 받은 뒤로 그 어떤 주문도 받지 못했다. 이 마지막 주문은 전 세계에서 가장 오래된 원자로 건설현장으로 유지되다가 지난 2007년부터 다시 건설작업이 재개됐다. 그 현장은 미국의 와츠 바(Watts Bar) 원자력발전소의 2호기 원자로가 들어설 곳으로, 원자로 건설의 첫 삽을 뜬 지 꼭

40년 만인 2012년에 이곳이 완공될 예정이다.

서유럽의 사정도 크게 다르지 않다. 프랑스를 제외하면 서유럽의 원자로 제작자들은 2005년까지 무려 25년 동안 단 한 차례의 새로운 원자로 건설을 수주했을 뿐이다. 핀란드에 건설 된 올킬루오토 원자력발전소의 3호기가 바로 그것이다.

또한 프랑스를 포함해 2010년 현재 유럽에서는 고작 2건 이 수주됐다. 프랑스는 2007년부터 도버 해협 근처인 플라망빌 (Flamanville)에 원자로를 건설하고 있다. 프랑스의 아레바(Areva)와 독일의 지멘스(Simens)가 합작 개발한 '유럽형 가압경수로'는 유럽 의 원자력 로비스트들에 의해 모범 원자로로 추앙받다가 정말 기록적인 시간 안에 관련자 모두의 골머리를 썩게 하는 '악몽의 원자로'가 되고 말았다. 최초 건설비용이던 30억 유로는 공사 중 에 54억 유로(2009년)로 뛰었을 뿐만 아니라 가동도 3년 반이나 미 뤄져왔다.

결국 발주자와 원자로 건설업자는 수십억 유로의 금액을 두고 유럽 중재위원회에서 싸움을 벌이게 되었다. 핀란드에 건설 중인 유럽형 가압경수로 역시 엄청난 비용 상승과 공사기간 지연 이 문제시되고 있다.

아시아 지역에서도 특히 중국의 국가주도적인 원전 건설 을 제외한 원자로 제작자들의 수주상황은 '부흥'의 취기가 확 달아날 정도로 저조한 상태이다. 국제원자력기구의 보고에 따르면, 2010년 현재 전 세계에서 건설 중인 원자로는 총 56기로, 그 중 3분의 2가 아시아 지역에 건설되고 있다.

2010년 현재 모두 20기의 원자로를 건설 중인 중국은 앞으로 2년 안에 15기의 원자로를 추가로 더 건설할 예정이다. 그러나 그 가운데 러시아와 동유럽에서 진행되고 있는 8기의 새로운 원자로 건설은 모두 첫 삽을 뜬 지 20년 이상 된 곳이다. 사람들은 이런 공사장을 두고 '공사장 폐허'라고 부른다.

부상하고 있는 재생가능 에너지

독일 연방방사선방호청에서 바젤의 컨설팅회사 프로그노스에 분석·의뢰한 보고서에 대해서는 이미 앞에서 언급한 바 있다. 〈핵에너지의 부흥기〉라는 제목으로 정리된 이 보고서에서 경제학자들은 전 세계 원자력발전소 건설 계획의 현황을 바탕으로, 실제 원자력산업이 어떻게 발전해갈 것인지 조사했다. 이 보고서의 내용은 무엇보다 핵에너지 로비스트들에게는 충격적인 결과를 전해주었다.

보고서 작성자들은 "2030년까지 핵에너지 부흥기는 결코 없다"는 결론을 내렸고, 부흥기는 고사하고 전 세계적으로 가동 중인 원자력발전소의 숫자가 2020년까지 25퍼센트, 2030년까지 30퍼센트로 지속적인 감소를 보일 것이라고 정리했다(프로그노스, 2009). 물론 그 결과 전 세계 전력생산에서 원자력에너지가 차지하는 비율도 낮아져 2030년에는 2006년의 원자력에너지가 차지했던 비율의 절반에도 미치지 못할 것이라고 예측했다.

기후보호에 도움이 될 뿐 아니라 기후 붕괴를 막아줄 수 있다고 강조하는 원자력은 이제 하나의 공상이 되어버렸다. 새로운 천 년으로 넘어가는 시기부터 미국발 재정 및 금융위기 때까지 폭발적으로 확장된 전 세계의 전력생산 능력까지 헤아리면 이 공상은 망상이 된다.

이 기간 동안 전 세계의 발전용량은 매년 15만 메가와트씩 상승 중이었으나, 이 용량에서 원자력발전이 차지하는 비율은 단 2퍼센트에 불과했다. 그뿐 아니라 2008년과 2009년에는 한 번도 그 이상을 넘어서지 못했다. 이 시기에 전 세계적으로 각각 1000메가와트 용량의 원자력발전소 2기가 가동에 들어갔다. 하지만 같은 기간에 전부 합쳐 3000메가와트에 조금 못 미치는 네 곳의 발전소가 가동을 멈추고 폐쇄되었다.

한편으로 빠른 성장을 보이고 있는 풍력산업은 그 모든 재정 및 금융위기에도 불구하고 같은 두 해 동안에 6만 메가와트 용량을 새로 설치하는 개가를 올렸다.

세계적으로 발전 용량이 거대하게 증가하고 있다는 점을 고려하면, 그중에서 원자력에너지가 차지하는 역할은 정말 미미할 뿐 아니라 주변적인 의미를 지닐 뿐이다. 그 때문에 원자력업계는 이미 건설된 원자로의 수명연장을, 즉 시공사들이 설정한 25~30년을 넘겨서 계속 가동시키려고 사활을 걸고 싸우는 것이다. 한편 국제에너지기구(Internationale Energy agency: IEA)는 자체 시나리오에 의해 현존하는 원자로의 평균수명을 45년으로 낙관하고 있다.

그런데 미국의 원자력안전관리국에서는 지난 수년간 총 104기 중에서 절반이 넘는 원자로들의 수명을 60년으로 늘려주었다. 나머지 원자로들도 마찬가지로 허가될 것으로 보인다. 그 사이 원자력업계는 80년의 수명에 관해서 논의하기 시작했다. 실제로 따져보면 미국의 원자로 편대의 평균연령은 2010년 현재 30세에 달하고 있다.

이미 오래전에 감가상각비를 다 뽑고 예상수익도 훨씬 넘게 뽑아낸 1000메가와트급의 낡은 원자로는 이제 경쟁상대가 없을 정도로 저렴하게 전력을 생산할 수 있다. 심각한 사고로 원자로의 수명이 줄어들지만 않는다면 말이다. 또한 원자로의 수명과 관련해서 엄청난 비용의 보수공사와 장시간의 가동 중단이 발생하지 않는 한, 증기발생기와 같은 핵심 설비가 마모되거나 부식되어 불가피한 교체가 있지 않는 한, 원자로의 가동은 계속될 것이다.

실제로 원전 가동에서 연료비용은 의미 없는 수준이므로, 수명연장만 가능하면 원전을 운영하는 기업들은 수십 억에 이르는 추가 수익을 기대할 수 있다. 그렇지만 이와 같은 폭리와 원자력에너지의 부흥기와는 아무런 관련이 없다. 오히려 그 반대라고 할 수 있다. '추가 시간'을 요구한다는 것은 다음과 같은 사실을 드러내고 있기 때문이다. 즉, 전력공급업자는 고비용 구조의 경제적 수익성을 가진 새 원자력발전소에 대한 투자를 기피하고, 낡은 시설의 수명연장으로 빠르게 돈을 벌려고 한다는 것이다.

이들은 원자로의 수명이 연장될수록 고장 가능성이 증가하는 것에 대해서는 아랑곳하지 않는다. 그래서 지난 수십 년 동안 멈추지 않았던 원자력에너지의 추락은 결코 중단되지 않는다. 미국의 부시(Bush) 행정부는 지난 8년간 공격적인 친(親)원자력 정책을 펼쳤지만, 단 한 건의 원자로 신축을 이루지 못했다. 서유럽에서도 원자로 신축은 단 두 건이 전부이다. 그런데도 원자력발전소 건설이 그 어떤 전력기술보다 경쟁력이 높다는 연구들이 지난 수십 년 동안 계속 언론에 유포되어왔다.

하지만 이들 연구의 결함이 무엇인지도 자명한 사실이다.

다만 보고서의 필자들과 연구 의뢰자들만 그러한 연구 결과를 진정으로 믿을 뿐이며, 원전 건설에 투자할 수 있는 자산가들은 그 연구들을 신뢰하지 않는다.

원자력 사업에 대한 불안한 투자요소의 첫 번째 요인은 우선 차세대 원전의 건설과 운영 비용이다. 원자력의 설치, 재정, 폐기물처리, 철거 등에 드는 전체 비용을 다루는 객관적인 자료가 없기 때문에 전문가들은 기존에 알려진 비용 추산치에 대해 매우 신빙성이 떨어지는 것으로 평가하고 있다. 또 일련의 모든 수치가 대부분 발전소를 팔아먹으려는 원자로 제작자들에서 나온다는 점도 신빙성을 떨어뜨린다. 정부나 협회, 원자력 로비 단체에서 나오는 자료와 수치 역시 '사랑받지 못하는' 원자력에너지를 그럴듯하게 포장하는 것으로, 이러한 자료는 저렴한 가격을 내세워 시민들의 환심을 사려고 할 뿐이다.

또한 투자자와 사업자 사이의 이해관계를 넘어서는 객관적인 문제도 여전히 존재한다. 지금까지의 신축 원자로 건설 과정은 끝없는 완공 지연과 천정부지의 추가 비용이 요구되는 초기 단계의 결함과 연이은 가동 중지에 시달렸다. 잠재적 투자자들은 이 원자로 건설자들의 지칠 줄 모르는 낙관적 전망에 대해 언짢은 기색이 역력하다.

지난 반세기 동안 투자자들은 원자력업계가 약속한 수많

은 것들 중에 정작 손에 꼽을 정도의 약속만 겨우 지켜졌다는 사실을 수없이 경험했다. 미국에서만도 250건이 넘는 원자로 주문 중 거의 절반 이상이 취소되었고, 무엇보다 최종적으로 가동에 들어간 발전소의 비용이 원자력업계가 약속한 것과 달리 평균 두 배 이상 증가했다.

　　대중적인 경제 잡지인 《포브스(Forbes)》는 1980년대 중반에 미국 원자력산업의 추락을 두고 '경제사상 최대의 경영재앙'이라고 표현했다. 1970년에 미국 원자력에너지위원회(US-Atomic Energy Commission: AEC)는 세기말에 이르게 되면 모두 1000여 기의 원자로가 가동할 것이라고 예상한 바 있는데, 실제로는 이중에서 약 13퍼센트만 현실화되었다. 서유럽의 원자로 건설회사와 동구권 국가들도 유사한 경험을 했다.

　　차세대 원자로의 '성능'을 예측하기는 어렵다. 특히 새로운 유형의 원자로 성능이 좋을 것이라고 책임 있게 말하기는 더욱 어렵다. 새로운 방식의 원자로는 검증되지 않은 기술에 토대를 두고 있기 때문이다. 뉴욕의 신용평가회사인 무디스(Moody's)가 2009년 여름에 발표한 연구에 따르면, 새로운 원자력발전소 건설계획을 추진하는 에너지 공급회사들의 신용등급이 규칙적으로 낮아지고 있다고 한다. 이는 건설계획상으로는 도저히 어림잡을 수 없는 위험성이 있기 때문이다.

새로운 기술들은 대개 '학습곡선^{기술 적용과 개발 과정에서 축적되} ^{는 지식의 결과로 생겨나는 것 - 옮긴이}' 상에서 지속적으로 점차 저렴한 가격으로 이동하고, 이것은 상대적으로 예측이 가능하다. 그런데 원자로는 상업용 핵분열 이래로 반세기가 넘는 시간이 흘렀지만, 원자로 제작사들은 원자로 기술의 초기 개발 때처럼 지금도 매번 처음부터 다시 시작하고 있다. 학습을 통해 원자로 기술의 경제성이 개선되지 못하고 있는 것이다.

이 때문에 지난 1970~1980년대에 원자로 제작자들은 점점 더 대용량의 원자로를 설계했다. 이 신상품이 기존의 소규모 원자로들보다 전력을 전체적으로 저렴하게 생산할 것이라는 희망에서였다.

그렇지만 이른바 '규모의 경제학으로의 이동^{기술 학습을 통한} ^{비용 절감이 불가능해지자 원자로 규모를 키워 전력생산 비용을 낮추려는 시도를 한 것이다-옮} ^{긴이}'이 문제를 해결해주지는 않았다. 비용 절감을 추구한다는 원자력기술의 발전 경향은 지난 수십 년간 원자로 제작자들의 공수표로 남아 있을 뿐이다. 원자력기술은 단지 안전공학적인 측면뿐만 아니라, 재정경제학적인 측면에서도 예나 지금이나 고위험군 기술로 남아 있다.

'원자력우울증'을 치유하는 보조금의 정체

미국은 '원자력우울증'을 치유하기 위해 보조금을 지급하는 대표적인 나라이다. 부시 행정부는 자국의 전력공급업자들이 새로운 원자로 건설에 나설 수 있도록 하기 위해 8년 동안 모든 것을 지원했다. 2050년까지 300여 기에 이르는 새로운 원자로를 건설한다는 포부도 밝혔다. 그럼에도 불구하고 원자력산업의 부활은 여전히 오지 않고 있다(Squassoni, 2009).

조지 부시의 원자력발전 지원정책이 후임 오바마 행정부에게 남긴 유산은, 원전 건설에 나서기를 주저하는 전력업계에 '융성한 보조금 다발'을 약속한 것이었다. 그 가운데 가장 손꼽히는 보조금제도는 새로 건설하는 첫 번째 원자로에 필요한 총 공사비의 80퍼센트를 국가가 보증해주는 제도였다. 이로써 원자력 신축 비용에 대한 리스크가 원자로 제작자들과 전력공급자들에게서 납세자들에게로 전가되었다. 이밖에 새 원자로에서 생산되는 전력가격을 세금 할인으로 인위적으로 낮췄고, 인가 절차는 간소해졌으며, 인가에 드는 비용의 대부분을 국가가 떠안게 되었다.

사고가 발생할 경우에 기업의 손해배상 의무도 더욱 축소되었다. 그리고 마지막으로 외국 자금의 재정지원까지 약속했다. 일본과 프랑스 정부는 자국의 투자자들이 미국의 원자로 건설에 참여할 경우에 공공보조금 지원을 약속했다.

이처럼 모든 지원책들이 동원되었지만, 미국 원자력업계는 이것을 '종합선물 세트'로 느끼지 않았다. 오히려 무한 지원정책이라고 하기엔 역부족이라고 주장했다. 이들은 진정한 원자력 부흥기를 위해 석탄과 천연가스 발전소에 이산화탄소 배출세를 부과하라고 요구한다.

지난 2003년, 매사추세츠 공과대학교에서는 이산화탄소 배출세로 1톤당 100달러를 매겨야 경쟁력을 얻는다고 발표했다. 미국의 의회학술서비스부는 2008년에 새로운 원자력발전소에서 생산되는 전력가격을 추산한 바 있는데, 이에 따르면 원자력 전력가격은 저이산화탄소를 배출하는 다른 모든 경쟁 대상의 전력보다 더 높은 것으로 나타났다. 오직 태양에너지에서 생산되는 전력만이 원자력에너지의 전력보다 비싼 것으로 계산되었는데, 이 태양에너지 전력마저도 미국에서는 그 가격이 급속하게 떨어지고 있다(Kaplan, 2008).

분명한 것은 탄소세 추징을 통해서든 배출권거래제를 통해서든, 경쟁 대상인 화석에너지 가격을 급격하게 올려놓지 않는 한 거의 모든 원자력 보조정책들은 소용이 없다는 것이었다. 미국 의회의 분석에서는 이 경우에도 현대식 천연가스 발전소들의 가격 경쟁력이 여전히 우수한 것으로 나타났다. 냉정하게 따져보면, 경쟁력을 유지하기 위해서 이토록 방대한 규모의 국가 지원이 요구되어야만 하는 이 상용 기술은 사실상 경제적으로 완전히 죽은 기술과 다름없다.

그런데도 버락 오바마와 그의 에너지부 장관인 스티븐 추 (Steven Chu) 역시 원자력발전이라는 선택 가능성을 원칙적으로 포기하지 않고 있다. 2011년 예산에서 새로운 원자로 건설을 위한 신용보증에 총 540억 달러가 책정되는데, 이것은 미국의 막강한 반(反) 기후보호 동맹에게 주어지는 일종의 배상금에 해당한다. 물론 그 누구도 오바마 행정부가 부시 행정부처럼 공격적인 친원자력발전 정책을 실행해나갈 것이라고 생각하지는 않는다.

이미 언급했듯이, 2010년 오바마 행정부는 논란이 많은 유카산 최종 핵폐기장 건설을 위해 책정된 예산 전액을 삭감했다. 이 결정이 다시 번복된다 해도 최종 핵폐기장의 장기적인 안정성 문제는 여전히 남게 된다. 게다가 2009년에 산출된 최종 핵폐기장의 예정 수용량은 2020년까지 민간분야에서 발생할 핵폐기물을 수용하기에도 충분하지 못한 것으로 나타났다. 군사분야에서 발생하는 방사능 폐기물과 2020년 이후에도 계속 가동될 원자력발전소에서 나오는 핵폐기물을 제외해도 마찬가지이다.

미국의 원자력감독기구(NRC)는 2009년 초에 26기 원자로에 대한 총 17건의 인가신청 목록을 공표했다. 하지만 미국의 원자력업계들은 설사 인가 신청이 받아들여진다 해도 고작해야 손가락으로 꼽을 수 있을 정도의 원자로만 건설될 것이라고 내다본다. 이처럼 예비투자자들이 지니고 있는 불안은 실로 엄청난데, 여기에는 월(Wall) 가와 다른 독립적인 컨설팅 회사들의 책임도 있다. 이들은 언제나 더 드라마틱한 비용 산정을 해놓고 때를 기다리는 것이다.

가장 최근의 비용을 계산해보면, 평균적으로 소위 '부흥기' 논의가 시작되었을 때 거론된 건설비용보다 네 배나 높게 출발하고 있다. 버몬트 법률대학원의 마크 쿠퍼(Mark Cooper)가 2009년에 내놓은 경제성 분석은 다음과 같은 결론에 도달했다.

"원자력은 미국에서 에너지 수급의 도전을 극복하기 위해서 취할 수 있는 선택들 중에서 비교할 바 없는 '최악의 선택'이다."

그의 분석에 따르면, 원자력발전을 통해 생산되는 전력가격은 1킬로와트시(kWh)당 12센트에서 많게는 20센트에 머무는 반면, 에너지 효율과 재생가능 에너지에 대한 투자를 통해 전력가격은 1킬로와트시당 평균 6센트까지 낮아질 수 있다는 것이다. 만약 2050년까지 현재 보유 중인 원자로의 대부분을 대체하는 수준에서 100여 기 정도의 새로운 원자로가 건설된다면, 원자로 수명을 고려해도 미국 사회가 에너지 효율과 재생에너지 기술에 집중하는 것보다 적게는 1조 9천억 달러에서 많게는 4조 4천억 달러의 비용을 더 지불하게 될 것이라고 한다.

현실에서의 이러한 경제적 전망들은 현재 핀란드와 프랑스에서도 관찰할 수 있다. 핀란드와 프랑스는 비교적 최근(2005, 2007년)에 서유럽에 새로이 원자로를 설치하는 유일한 두 나라이다. 유럽형 가압경수로의 시제품은 핀란드 올킬루오토 원자력발전소의 3호기로 세워지는데, 이는 핀란드의 전력경제가 주도권을 쥐고 시행하기보다는 정치권에서 밀어붙이는 바람에 가능해졌다. 이와 같은 원자로 건설을 추동한 힘은 기본적으로 지난 20년 동안 끊임없이 증가해온 전력소비량, 즉 '전력식탐'의 성장 때문이었다.

핀란드의 1인당 전력소비는 유럽연합 평균에 비해 두 배나 높았다. 동시에 정치권에서는 '전체 전력수급이 전반적으로 러시아에서 공급되는 천연가스에 너무 의존적'이라는 우려가 높았고, 아울러 교토 협약에 의해 부과된 기후보호 의무가 추가 원자력 건설 없이는 이행될 수 없을 것이라는 근심도 심화되고 있었다. 이런 상황에서 대부분의 주식을 국가가 소유하고 있던 핀란드의 국영 전력공급회사 'TVO(Teollisuuden Voima Oy)'는 프랑스와 독일의 원자로 제작사인 '아레바−지멘스 컨소시엄'에 원자로 공사를 발주하게 되었다.

원자력발전의 이해 당사자들인 국제 핵공동체는 올킬루오토 원자로 프로젝트로 두 가지를 입증해 보이려고 했다. 우선 거의 20년 넘게 설계단계에서부터 유럽의 최중량급 양대 산업국가가 심혈을 기울여 설계한 원자로가 어느 시점엔가는 반드시 실현될 것이라는 점이다. 그리고 다른 한 가지는 자유 전력시장에서 이제 원자력이 또다시 수익성이 충분한 매력적인 사업분야가 될 수 있다는 것이었다.

그렇지만 여기서도 애초부터 의구심이 일어나고 있었다. 왜냐하면 이 원자로 프로젝트에 대한 자금 조달이 정부의 개입을 통해 이뤄졌기 때문이다. 전기공급자들이 대다수를 이루는 60여 명의 공동 출자자들은 자금 조달의 대가로 나중에 건설될 원자로에서 생산되는 전력을 정부가 높은 가격으로 구매한다는 보증을 받고서야 공동 출자에 동의했기 때문이다.

이외에도 핀란드의 전력공급회사와 제작사 컨소시엄은 '입주 가능한' 원자로에 대한 고정가격에 합의했는데, 이 가격은 30억 유로로 책정되었다. 구매자에게 훨씬 유리하고, 또 매력적일 수밖에 없는 계약조건이 가능했던 이유는 원자로 건설의 결정 자체가 아레바-지멘스에게 모든 희생을 감수할 만큼 절실했기 때문이었다. 화력발전소와 원자력 분야의 다른 수주자들에 대항하는 시제품 원자로를 성공 가도에 올려놓기 위해서 원자로 제작사는 지극히 모험적인 비용계산 프레임을 설정했고, 이것은 이미 첫 삽을 뜨기 전에 예견된 것이었다.

먼저 원자로의 발전 용량은 1990년대 유럽형 가압경수로인 EPR 개발 과정에서 계속 증대되었다. 일단 규모 하나만으로도 경제성을 충족할 수 있어야 했기 때문이다. 이렇게 계획된 총 1600메가와트의 출력을 지닌 EPR는 세계의 그 어떤 다른 원자로와 비교할 수 없을 정도로 월등한 성능을 지닌 것이다. 그렇지만 이 원자로가 비원자력에너지 선택지들에 비해 경매 과정에서 경쟁력을 지니게 될 것이라는 예상은 점차 시간이 지나면서 원자력 반대론자들이 예견했던 것보다 훨씬 더 몽상에 가까운 것으로 드러났다.

이미 처음에 언급된 3년이라는 공사기간 연장과 예상비용의 80퍼센트가 더 늘어난 폭발적인 비용 상승 외에도, EPR는 다른 예정된 계획들을 지키지 못할 것으로 보인다. 전체 수명의 90퍼센트는 채울 수 있을 것으로 상정하고 계산한 경제성 산정에서도 그러했다. 이런 수치는 이제껏 그 어떤 시험 설비도 달성하지 못한 것이었다. 마찬가지로 60년이라고 어림잡았던 전체 수명도 몽상적인 수치이다.

이로써 전체 건설계획이 완성되기도 전에 다음과 같은 사실이 확연해졌다. 지금까지 드러난 변화된 기본 데이터들에 의거할 때, 핀란드의 올킬루오토 3호는 경쟁적인 비원자력에너지 대안들을 물리칠 수가 없을 것이다. 다른 경제 부문들에서 다른 방식으로의 판매 조성에 대한 아주 분명한 개념이 존재하는데, 그것은 바로 '덤핑'이다.

이제까지 묘사된 상황을 종합해보면, 이 원자로 프로젝트의 자금 조달 방식은 아주 잘 들어맞았다. 자금 조달 방식은 제작자인 아레바와 지멘스가 속한 나라들, 즉 프랑스와 독일 정부의 이해에 크게 영향을 받아 마련되었다. 지멘스와 마찬가지로 역시 뮌헨에 본부를 두고 있는 바이에른 주거래은행은 국제 컨소시엄인 아레바-지멘스의 동업자였다. 총 50퍼센트의 지분을 바이에른 주정부가 소유하고 있는 이 은행은 핀란드의 EPR 건설에 연리 2.6퍼센트의 저렴한 이자율로 총 19억 5천만 유로를 대출해주었다.

프랑스 정부도 신용평가 기관을 통해 총 6억 1000만 유로 상당의 수출대부 보증으로 아레바를 도왔다. 이런 전후 사정을 고려하면, 국가의 막대한 지원책이 없었다면 원자력발전에 대한 투자 결정이 내려질 수 있었겠느냐는 의문이 들 수밖에 없다.

이와 같은 문제들이 프랑스 플라망빌에 있는 노르망디 해안의 두 번째 EPR 공사장에서는 전혀 노정되지 않았다. 여기서는 프랑스의 국영기업인 아레바가 프랑스의 국영 전기공급 회사인 EDF를 위해 EPR를 세웠다. 그런데 핀란드에서와 마찬가지로 공사비는 예상을 벗어났다. 신문 보도에 따르면, 2010년 초에 공사기간은 벌써 2년 넘게 뒤처져 있었다. 그런데 제3의, 제4의 EPR 시리즈가 중국에 들어서도록 계획되어 있다. 물론 '국가경제 주도'라는 조건을 유지하면서 말이다.

원자로 건설과 관련된 엄청난 불확실성으로 인해 전력공급 회사와 원자로 건설업자들은 스스로 선불을 치를 수도 없고 또 치르려고도 하지 않는다. 그렇기 때문에 이들은 어쩔 수 없이 국제금융시장의 투기자본을 끌어들이려 한다. 물론 이렇게 되면 상응하는 대가 또한 높다. 이제 원자로 건설의 자금 조달에서 자본비용은 공사비 다음으로 두 번째 큰 덩어리를 이루게 되었다.

이 문제 역시 주요 산업국가에서 이루어진 에너지 시장의 자유화 조치[11]로 더욱 첨예화되었다. 또 미국발 재정 및 금융 위기는 이 상황을 더욱 악화시켰다. 경기침체의 결과로 전력수요

[11] 유럽에서는 1996년 유럽연합(EU) 차원에서 전력산업 구조개편을 위해 자유화 지침이 채택되었다. 이 지침에 따라 발전소 건설이 자유화되거나 송배전망에 대한 접근이 비차별적으로 허용되었고, 발전, 송전, 배전이 분할되거나 회계가 분할되었다. 1999년 이후에는 단일 발전회사가 자국 내의 시장점유율을 50퍼센트 이상 넘지 않도록 권고했고, 2003년까지 33퍼센트의 전력시장을 개방하도록 했다. 2003년에는 2007년 이후로 모든 고객에게 공급자를 선택할 수 있는 권한을 부여했다. 독일의 경우 1998년에 전력시장이 완전 자유화되었다(참조: 전국교수공공부문연구회, 《전력산업의 공공성과 통합적 에너지 관리》, 2007).

가 눈에 띄게 감소했기 때문이다.

"옛날이 좋았다"는 말은 원자력발전소를 건설하고, 사고 또 팔고, 이를 위해 자금을 조달하려는 사람들에게나 해당된다. 국가가 보증하는 조건에서 독점 전력공급회사가 있던 시절에는 설사 원자로 성능이 형편없어도 투자자들이 언제든지 전력소비자들로부터 투자금을 회수할 수 있다고 가정할 수 있었다. 그러나 자유화된 전력시장에서는 그렇지 않다. 원자력기술은 상궤를 벗어난 터무니없이 높은 초기 투자비용과 수십 년 지속되는 자본회수 기간으로 자유화된 시장에 이제 맞지 않는다.

원전 건설에서 자본비용은 잠재적인 자산가들이 이런 문제를 안고 있지 않은 다른 기술에 대한 투자를 당장 선호하지 않는 한, 폭발적으로 늘어날 수밖에 없다. 고도로 효율적인 천연가스 발전소들이 지난 10년간 지속적인 붐을 누리고 있는 여러 나라들에서 사정이 이러했다.

이들 가스 발전소들의 1킬로와트당 설치비용은 원자력발전소에 비해 월등히 낮은 것으로 입증되었고, 발주에서 실제 운전개시까지의 시간도 짧다. 더구나 발전 설비의 부품들은 대부분 공장에서 대량으로 생산되고 있다. 게다가 전체 운용비용의 대부분을 차지하는 천연가스 연료비용도 장기적으로 보면 원자력발전소의 우라늄에 비해 비교적 저렴하기 때문에, 실질적으로 원자력발전소는 이들 나라에 들어설 기회가 없다.

비록 그 사이에 국제 에너지 시장에서 천연가스 가격은 상승했지만, 동시에 재생가능 에너지 분야에서 기술적으로 큰 진전을 보이고 있다. 따라서 새로운 원자로들 대신에 이들 기술에 투자하는 것이 훨씬 이득이라고 생각하는 금융경제권의 판단은 이미 세계 여러 곳에서 감지된다. 이로 인해 앞으로 원자로 건설을 하려는 사람들이 사업에 필요한 투자자본을 마련하기는 점점 더 어려워질 것이다.

후쿠시마 원전과 구조적으로 동일하지만 세계에서 가장 안전한 오스트리아의 츠벤텐도르프(Zwentendorf) 원전. 단 한 번도 가동되지 못하고 국민투표로 1978년 폐쇄됐다. ⓒ시금치

아시아에서
원자력
신화가
부활한다?

막대한 국가보조금을 받는 원자력발전의 지극히 이례적인 일들은 놀랍게도 평소에는 누구보다 시끄럽게 '시장경제 원리'를 부르짖는 정치가들에 의해서 요구되고 지지되고 있다.

이제까지 우리는 원자력발전이 투자자들에게는 승산을 따지기 힘들 만큼 매우 불투명한 도박이 되고 있음을 살펴보았다. 그 어떤 기술 발전도 투자 결정에서 상업적인 운전개시에 이르는 기간이 원자력기술만큼 길지는 않다.

컨설팅 업체인 프로그노스가 계산한 바에 따르면, 원자력기술의 전 세계 평균 건설기간은 8년이다. 여론의 감시가 심한 데다, 해당 관청이 건설계획과 인가 과정에서 매우 까다로운 절차를 두고 문제를 삼기 때문이다. 더구나 안전관리상의 매우 중요한 결함은 새로운 인가 기준을 마련해야만 하고, 결국 원자력을 반대하는 사람들이 법정에서 승리를 거둘 수도 있다.

건설계획과 인가 과정의 시간차이를 살펴볼 수 있는 예로, 영국에서 마지막 원전 건설로 결정된 원자로 '사이즈웰(Sizewell) B'는 1979년에 건설 결정이 이루어졌다. 하지만 이 원자로의 상업적인 운전개시는 16년 뒤에야 이루어졌다. 이것은 무엇을 의미할까?

대다수의 다른 기술들과 달리 원자력발전소는 가동이 시작되고 수십 년이 넘도록 높은 운영비용을 발생시킨다. 방사능 폐기물의 처리, 가동이 중지된 원자로의 안전관리, 그리고 마지막에는 대체로 긴 '냉각기' 이후의 원자로 철거 등에 드는 비용 등이다. 이를 위한 재원들을 가동 중에 벌어들여야 하고, 오랜 가동 기간 동안 충당할 수 있는 비용을 저축해야 한다. 이 비용과 보험가입 비용들은 각 국가마다 조금씩 다르다. 정확한 비용 산정이 어려운 이유는, 무엇보다 원자력발전 분야에서 예상되는 기간의 현금흐름 할인[12]이 실제로 작동하지 않는다는 것에 있다.

이를테면 15퍼센트의 '현금흐름 할인율'이라면, 15년 또는 그 뒤에 발생하는 비용은 등한시할 수 있다. 그런데 원자력발전의 경우, 이들 비용은 이보다 앞서거나 혹은 이후에 반드시 발생하는 것이기 때문에 원자력발전 재정과 전력생산 비용을 산정하는 것과 관련해 다른 산업분야와는 달리 또 다른 불확실성의 요인이 될 수 있다.

이 모든 어려움에도 불구하고 원자로 신축계획 건수가 그래도 다소 늘어난 것은 이미 언급한 바처럼 오직 아시아 국가들, 그중에서도 특히 중국 덕분이다. 2010년 현재 총 20기의 원자로를 공사 중인 중국에서는 공사기간이 평균 6년으로 잡혀 있는데, 이는 세계의 평균 공사기간을 현저하게 밑도는 수준이다.

12) 현금흐름에 할인율을 적용하는 개념으로, 향후 몇 년 후에 기대되는 현금을 얻기 위해 지금 지불할 용의가 있는 금액을 말한다. 미래의 가치에 할인율을 적용함으로써 미래에 대한 불확실성을 반영하는 기업자산 가치평가의 방식이다. 예를 들어 연간 100원의 현금을 창출하는 기업이 있다면, 현 시점에서 향후 5년간 이 기업의 가치는 600원이 된다. 그러나 현금흐름 할인(법)을 적용해 연간 할인율이 10퍼센트라고 하면, 이 기업의 가치는 450원이 된다. 현금흐름 할인은 순현재가치 또는 내부수익율을 계산하는 데 사용되고, 자본투자 분석 및 증권투자 분석의 요소로 사용된다. ―옮긴이

2030년까지 건설 예정인 총 50~60기의 원자로가 모두 완공되고, 예정대로 이 모든 원자로가 전력망에 전력을 공급한다 해도 이것은 2030년에 중국의 예상 전력수요의 4.5퍼센트를 넘지 못한다. 그런데도 현재 몇 개 남지도 않은 서구 산업국의 원자로 건설 수주 장부는 앞으로 당분간 공란으로 남아 있게 될 것이다. 중국이 점점 더 자국의 고유 기술에 의지하려고 하기 때문이다.

원자력에너지의 부흥에 관한 논쟁은 원자로 제작사들이나 전력공급업자들보다는 일부 정치가들과 시사평론가들에 의해 추동되고 있다. 앞서 보았듯이, 아시아 이외의 원자력발전에 관심을 보이는 지역에서도 새로운 원자력 건설 프로젝트가 구체적으로 진행되고 있지 않다. 그럼에도 이들 부흥론자들은 과거의 에너지 경제구조를 유지하면서 원자력발전의 도움을 받아 단기적으로 기후협약 의무를 충실히 이행하거나 전력수급의 어려움을 해결할 수 있다고 믿는다.

정계와 여론이 밀어붙이고 잠재적인 투자자들이 거리낌 없이 국가적인 지원책을 요구하고 나선다면 이런 상황은 추진력을 얻게 될 수도 있다. 그러나 새로운 원자력발전소는 어마어마한 공공보조금의 출연 없이는 경쟁력이 없으며, 이것은 분명한 사실이다. 다만 원자력기술이 한 국가의 에너지 정책의 기본 신조가 된 나라들, 그리고 비용은 둘째 문제인 곳에서만 경쟁력을 갖는 것이다.

이런 까닭에 어느 정도 시장경제가 작동하는 여건에서 앞으로 새로이 원자로 건설을 계획하는 나라들조차도, 원자력에 대해 전폭적인 지원을 하는 미국이 투자자들의 견본이 될 수밖에 없음을 고려해야 한다. 여기서 언급한 미국의 보조금정책은 이들에게 모범적인 전례가 되고 있다. 이들은 건설비용 상승과 원자력 가동 중의 사고 발생과 원전 가동 중지로 인한 손해, 그리고 국제 우라늄 시장의 불안정한 동요, 추산이 어려운 가동 정지와 철거 및 폐기물의 최종 처리 비용까지도 국가가 공적 자금으로 지원해줄 것을 원한다.

궁극적으로 이들은 방사능이 대규모로 유출되는 모든 심대한 사고의 결과를 국가가 처리할 수 있도록 하는 보조정책을 요구한다. 세계의 어떤 기업도 이를 혼자서 처리할 수는 없기 때문이다. 사고가 날 경우에 보험사들은 손해의 극히 일부에 대해서만 배상에 나설 뿐이며, 나라마다 약간씩 차이가 있지만 보험회사들이 담당하는 비중은 총 예상경비 중의 정말 가소로울 정도의 일부에 그칠 뿐이다.

이제까지 우리는 원자력기술이 경제적으로도 정말 유례를 찾아볼 수 없을 정도의 특수한 역할을 맡아왔음을 확인할 수 있었다. 수십억 유로에 달하는 국가보조금으로 상업용 가동이 시작된 지 반세기가 지났어도 원자력 옹호론자들은 예정된 출발을 위해 다시 한 번 수십억 유로에 달하는 추가적인 국가보조를 필요로 하고, 요구하고 있다. 마치 최초의 시장 진입을 위한 초기 자금 지원이라도 되는 양 이러한 보조금을 받고 있는 것이다.

그런데 이러한 지극히 이례적인 일들이 놀랍게도 특히 정치가들—평소에는 누구보다 시끄럽게 '시장경제 원리'를 부르짖는—에 의해서 요구되고, 지지되고 있다. 이들이 바로 수많은 산업국들에서 순수시장 이론을 논거로 태양, 바람, 물, 바이오매스, 지열 등을 이용한 재생가능 에너지의 시장진입 지원책을 계속 반대해온 사람들이다.

그렇지만 원자력과 재생가능 에너지 사이에는 결정적인 차이가 있다. 원자력에너지의 미래는 이미 오래전에 끝난 과거이지만, 재생가능 에너지의 미래는 아직 찬란한 시작을 앞두고 있다는 것이다.

미래에도 계속 원자력에너지를 이용할 것인가?

기후변화와 자원 위기의 징후가 뚜렷하고 재정위기의 여파가 계속되는 가운데, 몇몇 주요 산업국가들의 원자력에너지에 관한 논의는 이제 새로운 국면으로 접어들었다. 원자로 제작자들과 정계, 언론계 인사들에 의해 점화된 '원자력에너지의 부흥'이라는 모토는 미래에 미칠 영향에 대한 결정을 가리키는 표현이 된 것이다.

원전 건설의 최대 호황기인 1970~1980년에 건설된 대다수의 전 세계 원자력발전소들은 이제 기술적인 한계수명에 다다르고 있다. 예정대로라면 10년 안에—더 나아가 연이어 오는 10년 안에—급속히 줄어들 원자력의 발전 용량을 어떻게든 대체해야만 한다.

따라서 원자력을 이용하는 세계의 주요 선진산업국들은 현재 이미 노쇠한 원자로의 수명연장으로 계속 전력공급을 하는 문제를 신중하게 다룰 수밖에 없다. 화석에너지 비중을 지속적으로 낮추면서 효율성이 높은 에너지 시스템과 재생가능 에너지를 확대할 것인가, 아니면 연장된 원자력발전에 의한 전력인가를 두고 논쟁 중인 것이다.

하지만 거대 전력회사들로선 여전히 '수명이 연장된 원자력발전에 의한 전력'이 매우 매력적이다. 수십억 유로가 들어가는 새로운 발전설비에 투자하지 않아도 되고, 감가상각 공제를 받은 낡은 원자로로 이득을 볼 수 있기 때문이다. 물론 이와 불가피하게 연관된 추가적인 사고위험을 거대 전력회사들의 최고경영자들이 예상하지 않는 것은 아니다.

그러나 이들은 심각한 사고가 하필 자신의 원자력발전소에서, 그것도 자신의 임기 내에 일어날 수 있다는 것은 산정하지 않는다. 이들 최고경영자들은 자신의 이해관계에만 관심을 둘 뿐, 사회 전체가 어떤 문제에 직면하게 될 것인지에 대해선 관심이 없다.

이제 누구나 알다시피, 낡은 원자로의 수명연장은 재앙을 초래할 위험을 기하급수적으로 증대시킬 수밖에 없다. 대부분의 원전이 더 오래 가동될수록 재앙적인 사고가 발생할 위험은 전체적으로 더 크게 증가하는 것이다.

기후변화와 인구증가, 빈곤의 확대, 그리고 자원고갈이라는 상황에 직면한 인류는 이제 어떻게 하면 전 지구적인 차원의 에너지 수급을 지속 가능하게 할 수 있을까? 이 문제에 대해 인류는 이제 결정을 내려야 할 시점에 와 있다. 이 결정은 미래에도 계속해서 원자력에너지를 이용할 것인가에 대한 질문을 넘어서는 것이다. 결정에 대한 책임은 일차적으로 모든 선진산업국가들, 그리고 대부분의 신흥산업국들에게도 있다(신흥산업국들은 원자력에너지를 지금까지 대대적으로 이용하지는 않았다).

확실한 것은 이제 새로운 에너지 수급체계가 더 이상 화력과 원자력이라는 거대한 발전부대에 바탕을 둘 수가 없다는 것이다. 나아가 미래의 에너지 수급은 현재의 에너지 경제의 이해관계에서 비롯된 고위험군 기술의 부활에 의존하지 않을 것이라는 점이 중요하다.

이제까지 소위 원자력에너지의 부흥은 없었고, 지금도 없다. 다만 지금 존재하는 것은 원자력에너지를 선전하는 목소리의 부흥이다. 이런 예고는 지금 막 생겨난 것이 아니라 이미 전부터 계속되어왔다. 1990년 9월 21일자 《경제주간(Wirtschaftswoche)》지는 〈핵의 르네상스〉라는 기사를 통해 원자력의 부흥을 노골적으로 환영했다.

"원자력 포기라는 사회적 합의는 철회되었고, 새로운 원자로의 건설계획이 나왔다. 그런데 독일에서만 원자력 비관론자들이 장승처럼 뻗대고 서 있을 뿐이다."

지금 독일에선 기민당—자민당 연방정부가 기획하는 '원자력 포기의 포기'로 인해 원자력에너지의 부흥을 둘러싼 논쟁이 활발하게 일어나고 있다. 이와 함께 원자력 경제를 통해 이익을 보는 많은 이들에게 일종의 희망이 부흥하고 있는 것이다. 원자력에너지의 미래를 열어줄 열쇠를 쥐고 있는 몇몇 주요 원자력 산업국가에서도 이러한 사회정치적 논란이 다시 일어나고 있다. 그러나 전 세계에서 확정된 원자력발전소 신축은 현재 수준의 원자력발전 전력량도 일정하게 유지하기 어려운 수준이다. 절대적인 척도는 물론이고, 상대적인 척도로 예측했을 때는 더욱 어렵다.

새로운 원자력발전소 건설은 지금까지 원자력이 일종의

국가적인 신조가 된 나라들에서만 계획되고 있다. 아니면 정부가 기술안전성과 재정에서 발생하는 위험성을 엄청난 국가재원으로 먼저 지원해줄 준비가 되어 있는 나라에서만 계획을 갖고 있다. 오늘날 새로운 원자력발전소를 건설하려 하거나, 미국이나 영국에서처럼 정치권의 압력에 밀려 원전 건설을 주장하는 이들은 1960년대의 원자력에너지 개척자들 못지않게 국가로부터의 전폭적인 지원을 필요로 한다.

1960년대 원자력에너지의 최초 시장진입은 바로 원자력에너지의 경제성을 따져볼 여타의 전력시장 자체가 없었기 때문에 가능했다. 이 점은 매우 아이러니하다. 당시의 전력생산은 한편으로 전력망 독점으로 인해 '자연(발생)적인 독점사업'으로 여겨졌고, 다른 한편으로는 국민들의 생존을 보장하는 기본적인 공공사업에 해당되었다. 그래서 당연히 국가소유 또는 국가출연 형태로 독점적 사업체에 의해 이루어졌다.

따라서 대부분의 선진산업국에서 원자력시대를 열었던 주체는 바로 국가이다. 처음에는 군사적인 목적에서 공개적으로 혹은 암암리에, 그 뒤로는 산업정책적으로 국가가 원자력에너지 도입을 선창했던 것이다. 국가는 이 새로운 기술의 연구개발, 설계와 시공, 아울러 시장진입과 사후관리에 이르기까지의 엄청난 비용을 직접적으로 떠안거나, 전력가격 조정에 영향력을 발휘해 그 비용을 소비자들에게 떠안겼다.

규제가 완화되어 자유로운 거래가 가능한 전력시장에서도 새로운 원자력발전소 건설은 여전히 기업들에게 매력적인 사업이 아니다. 원자력발전에 견줄 만하고 경제적 위험성이 뒤따르지 않는 훨씬 더 저렴한 투자 대안들이 미국에만 있는 것도 아니다. 그렇기 때문에 전력수요와 발전용량이 모두 증가하더라도, '시장경제'라는 조건에서는 새로운 원자력발전소 건설이 없을 것이다. 새로운 발전소가 건설되더라도 이는 과거 도입기에 그랬듯이 공적 기관이 재정적인 위험의 대부분을 또다시 떠맡는다. 이것이 핀란드가 걷는 길이라고 할 수 있으며, 앞으로 미국이 걷게 될 길이기도 하다. 오바마 행정부가 수많은 에너지·기후 전문가들이 기대하고 염원하는 방향(원자로 신축 결정의 과감한 취소)으로 전환하지 않을 경우엔 그렇다는 것이다.

또한 풍성한 보조금정책도 지속되기 어렵다. 발전소 건설시장의 다른 분야 경쟁자(특히 그 중요성을 인정받고 있는 재생가능 에너지)들이 지난 50년간 국가가 일방적으로 계속해온 노후 기술에 대한 부양과 지원을 마냥 지켜보고 있진 않을 것이기 때문이다. 이런 비판은 이미 미국에서도 나오고 있다. 미국 자연자원보전위원회(Natural Resource Defence Council: NRDC)는 2009년 상원의회를 통해, 외국에서 이미 시험을 통해 입증된 원자로 상용 모델들에 대해 또다시 보조금을 지원해서는 안 된다고 요구했다. 원자력만 국가가 나서서 우대하는 것은 다른 기술 발전에 부담을 주는 시장 교란 행위이며, 저탄소 에너지 경제로의 이행 과정을 매우 비효율적인 경제로 만드는 것을 의미하기 때문이다(Cochran/Paine, 2009).

21세기로 들어서면서 원자력에너지에 대한 어떤 전제도 두지 않고 평가가 가능해지자, 다음과 같은 아주 명백한 결론에 도달했다. 이 결론은 본질적으로는 30년 전과 조금도 다를 바가 없다.

☀ 원자력에너지를 논란의 여지가 많은 전력생산 형태로 만들어놓은 재앙적인 사고의 위험성은 여전히 극복되지 않았다.

☀ 새로운 차원의 테러 위협은 원자력발전 기술이 불안한 분쟁 지역으로 전파되는 것을 원천적으로 차단한다.

☀ 전 지구적인 차원에서 원자력발전의 증대는 원자력발전이 차지하는 비중을 유지하는 것보다 훨씬 빠르게 우라늄 연료의 부족 사태를 야기할 것이다. 그렇지 않으면 증식로 기술로의 전면적인 전환을 압박하게 될 것이다. 증식로의 새로운 설치는 원

자력기술이 소위 플루토늄 노선으로 귀결되는 것이다. 이 플루토늄 경제의 도래는 재앙적인 사고의 위험과 테러 공격, 핵무기의 확산 가능성을 완전히 새로운 수준으로, 더욱 위태로운 수준으로 높여놓을 것이다.

☀ 증식로 기술과 무관하게 핵폐기물의 최종 처리 문제는 여전히 해결되지 않은 채로 남아 있다. 현재 세계에는 핵폐기물이 일단 발생해 있기 때문에 그 해결책이 나와야만 한다. 그러나 이 해결책이란 전시행정적인 임시변통이 될 공산이 크다. 이 한 가지만으로도 인류에게 또다시 '핵폐기물 증가'라는 문제를 심화시켜서는 안 된다는 충분한 근거가 된다.

☀ 원자력에너지로는 결코 기후 문제를 풀 수 없다. 동원 가능한 모든 재원들을 이 원자력기술에 집중 투입해도 결국에는 기후 부담을 덜어주는 데 초라할 정도의 기여를 할 수 있을 뿐이다. 그것도 아주 뒤늦게, 그것이 가능할 경우에 그렇다.
원자력과 결부된 엄청난 비용과 위험성의 증대로, 산업적 확대 가능성도 매우 적은 원자력은 비현실적이며 무책임하다. 반면에 수명이 오래된 원자로들이 다수를 차지하는 현존 원자로의 연령 구조로 인해 앞으로 수십 년간 전 지구적인 차원에서의 원자로 발전 용량은 현저하게 하강할 것이다. 이러한 사실은 이미 분명히 예상되고 있으며, 그 확률도 높다.

동시에 재생가능 에너지에 집중 투자하고 이를 육성, 발전시키면서 에너지 경제, 산업, 물류수송과 아울러 열공급 분야의 에너지 효율성 제고를 기하는 종합적이고 전 지구적인 에너지 전략이 원자력에 재차 의존하지 않고도 급속한 이산화탄소 감축을 가져올 수 있다는 평가는 확실하다. 이 과정에서 우리가 맞이할 도전도 그렇지만, 기회 역시 엄청나다.

이들 도전을 성취하기 위해서는 무엇보다 전 지구적인 온실가스 배출에 책임이 있는 국가들을 포함해 모두가 함께 지켜야 할 '세계 에너지 정책'이 절실히 요구된다. '기후변화냐 원자력이냐'라는 논리는 원자력을 둘러싼 이해관계에서 비롯된 것으로, 이것은 문제의 본질을 호도하는 환영(幻影)일 뿐이다.

이 모든 것을 미루어볼 때 다음과 같은 사실은 분명하다. 대대적인 국가 재정의 개입만 없다면, 가까운 미래에 원자력기술의 부활은 없다. 이것은 원자력기술의 부활이 전혀 가능하지 않다는 것을 의미하는 것은 아니다. 중국에서 재앙적인 사고—그곳에서 살고 있는 많은 이들이 이런 운명을 비껴갈 수 있으면 한다—가 발생하지 않아 원자로 증설이 계속될 수 있다고 한다면,

대략 10여 기 이상의 새로운 원자로가 추가되어 전력공급을 하게 될 것이다. 이 추가 건설은 원자력발전에 투입될 자금이 바닥날 때까지 혹은 거대 발전소가 더 저렴한 재생에너지 증설을 저지하는 동안에나 계속될 것이다. 즉, 추가 건설이 오랫동안 계속되기는 어렵다는 것이다.

점차 뚜렷해지는 화석연료의 고갈과 국제 에너지 가격의 현저한 상승, 그리고 더욱 절실히 요구되는 기후보호 의무에 직면해 있으면서도 원자력에너지를 어떻게든 다시 끌어들이려는 것은 무엇을 의미할까? 이미 투자금이 회수된 노쇠한 투자대상(원자로)을 더 활용한다는 점에서, 이것을 효율적인 전력경제로 보기엔 뭔가 억지스러운 면이 있다.

그런데도 세계 도처에서 원자력 부흥을 외치는 이유는 무엇일까? 자원고갈, 지구온난화, 에너지 가격 상승이라는 세 가지 요인은 열정적인 원자력 옹호론자인 부시에서 온건한 회의론자인 버락 오바마로 미국의 정권이 넘어갔어도 여전히 원자력을 부추기고 있다. 이들은 핀란드에서의 원자로 신축과 독일에서의 원자력 포기 정책의 포기, 그리고 수많은 다른 국가들에서 원자로 신축을 야기시킨 원인제공자이기도 하다.

전 세계의 정치가들은 자국의 경제를 주도하는 세력들과 손잡고 기존의 세계 속에서 자신이 알고 있는 것만을 계속 유지하려 한다. 이런 성향 때문에 정치가들 중 다수가 상업적 원자력 발전이 시작된 이래로 무려 반세기 이상이 지났어도 여전히 원자력에너지의 '시장진입 지원'을 보장해주는 데 거리낌이 없다. 마치 그것이 지극히 당연하다는 듯이 말이다.

독일에서는 예정된 원자로 신축은 없다. 그것은 신축과 결부된 도저히 어림잡을 수 없는 경제적인 위험성을 어떤 원자로 건축주도 감수하려고 하지 않기 때문이다. 또한 사회적으로도 이와 같은 방사능 방출 기술을 찬성할 여지가 보이지 않는다. 그래서 독일의 거대 전력회사들은 새로운 원자로 건설 대신에 안전성을 대가로 한 현재의 자산 현존하는 원자로—옮긴이으로 몇십 년을 버티려고 한다.

독일 연방정부의 정치가들 역시 여기에 봉사하고 있다. 그들은 완전히 노쇠한 원자로 수명을 연장해줄 용의가 있음을 이미 밝힌 상태이다. 이것이 실현되면 전력업계의 4대 대기업들은 수십억 유로에 달하는 특수이윤을 보장받는다. 지나가는 말로만 불평해대던, 대기업의 시장 지배도 정치가들이 도와주게 되는 것이다.

그렇지만 논리적으로 따지면 원자력에너지의 미래에 관한 근본적인 갈등은 거의 소진됐다. 과학잡지 《네이처(nature)》는 2007년 10월호에서 원자력과 관련된 최신 논란에 대해 이렇게 표현했다.

"재앙적인 지구온난화를 지금에라도 저지하려 한다면, 무엇 때문에 가장 느리고 가장 비싸며 가장 효과가 떨어지고 가장 유연하지 못한, 아울러 가장 위험하기까지 한 기술을 선택해야 하는가? 1957년에 원자력에너지로 시도해본 것은 올바른 것일 수 있었다. 그러나 지금의 원자력에너지는 단지 지속 가능한 전력수급으로의 이행에 오직 걸림돌이 될 뿐이다."

여기에 무슨 말이 더 필요하겠는가?

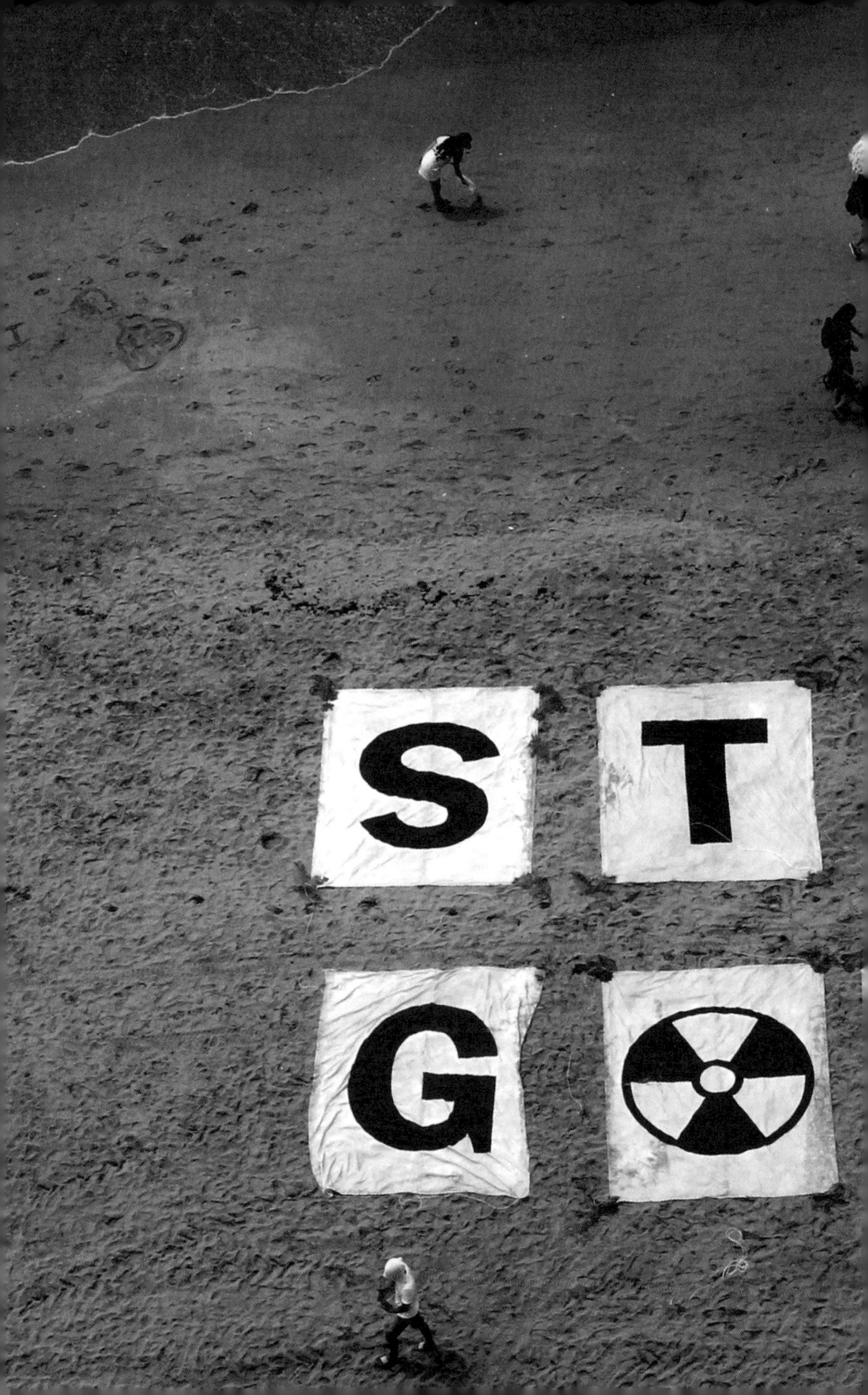
ST
G

부록

포스트 후쿠시마 시대의
핵발전

박진희 동국대학교 교수

첨단기술을 자랑하는 일본에서 일어난 후쿠시마 원전사고는 원자력발전 국가들에게 크나큰 충격을 몰고 왔다. 반핵, 반원전 운동의 선두에 섰던 독일은 2022년에 모든 원전을 폐쇄한다는 결정을 내리기도 했다.

독일에서 줄곧 탈핵의 정당성을 피력해왔던 이 책의 저자는 '가장 비싸고, 가장 효과가 떨어지고, 가장 유연하지 못한' 핵에너지로부터의 탈피가 우리의 미래임을 주장한다. 저자는 이 책에서 핵발전의 안전 신화, 핵연료의 무한성, 핵폐기물 기술에 대한 믿음이 얼마나 허구에 가득한지를 밝히고 있다. 또한 기후

170

보호에 기여한다는 핵발전의 논리는 어떤 역설을 포함하고 있는지 등에 대해서도 조목조목 밝혀낸다. 핵발전은 역사에 등장하자마자 짧은 전성기에 장기간의 침체기를 보였을 뿐 르네상스를 맞이한 적이 없으며, 국가의 지원에 의해서만 유지되는 이 핵발전이 재생가능 에너지의 발전을 어떻게 가로막고 있는지도 보여준다.

여기서는 저자가 이 책에서 미처 다루지 못한 '후쿠시마 사고' 이후의 우리나라를 포함한 핵발전 국가들에서 일어난 변화들을 조망해보았다. 우리나라의 핵발전 정책의 현주소를 개괄하면서 앞으로의 우리 과제도 생각해보았다.

후쿠시마 원전사고, 그 후…

일본의 후쿠시마 원전사고가 발생한 지 벌써 6개월이 지났다. '포스트 후쿠시마'라는 용어가 나올 정도로 이 사고가 전 세계인에게 던져준 충격은 큰 것이었고, 시간이 지나면서 후쿠시마 사고가 가져올 여파 또한 분명해지고 있다. 무엇보다 관심이 가는 것은 사고가 난 4기의 원자로에서 누출된 방사성 물질로 인해 발생하는 환경오염에 대한 것이다.

사고가 난 후쿠시마 핵반응로에서 방출된 방사성 원소

세슘137의 양은 1945년 히로시마에 투하됐던 원자폭탄 168개분에 해당하는 것으로 알려졌다. 히로시마에 투하된 원폭의 세슘137 방출량은 89테라베크렐[1](1테라베크렐은 1베크렐의 1조 배에 해당함)이었는데, 후쿠시마에서 방출된 양은 1만 5000테라베크렐로 추정된다는 것이다.

사고 당시에 방출된 요오드131은 16만 테라베크렐로, 히로시마 원폭 당시(6만 3000테라베크렐)의 3배에 달했다. 골수염과 백혈병을 유발할 수 있는 스트론튬90은 후쿠시마 핵발전소에서 140테라베크렐이 방출되었고, 이 역시 히로시마 원폭의 54테라베크렐 수준을 능가하고 있다고 한다(《조선일보》, 2011년 8월 25일).

그런데 이러한 방사능 누출이 앞으로 인간의 삶에 어떤 영향을 미칠지에 대해서는 그 어떤 연구소도 명확하게 예측을 하지 못하고 있다. 영국의 《인디펜던트》지에 따르면, 방사능 누출 등의 영향으로 앞으로 100만 명의 사망이 일어날 수 있다고 한다. 후쿠시마 제1원전에 투입됐던 40대 남성 노동자 1명이 이미 급성 백혈병으로 사망했다는 보도도 있었다.

[1] 방사선을 방출하는 능력을 측정하기 위한 국제단위로, 1베크렐(Bq)의 방사성 물질은 1초당 1개의 원자핵이 붕괴해 방출하는 방사능의 강도를 의미한다. 베크렐선을 발견한 프랑스의 물리학자 앙투안 앙리 베크렐의 이름에서 유래했다.

누출된 방사성 물질의 확산도 훨씬 광범위한 것으로 알려졌다. 조사에 의하면, 일본 후쿠시마 제1원전 부지 외부에서 사고 이후에 처음으로 플루토늄이 검출되었다. 원전에서 80킬로미터 내에 있는 100개 지점에서 지난 6월에 채취한 토양에서 플루토늄이 검출된 것이다(《머니투데이》, 2011년 9월 30일). 대기운동에 따른 확산은 더 광범위해서 후쿠시마에서 300킬로미터 떨어진 가나가와(神奈川) 현의 어린이놀이터에서 기준치(1시간당 1마이크로시버트)를 3~4배 초과하는 방사성 물질이 검출돼 놀이터가 긴급 폐쇄되는 일도 있었다. 확인할 수 있는 원전 부지 주변의 토양오염보다 공기 중으로 확산된 방사성 물질에 의한 오염은 더 예측이 어려운 것이다.

환경청 조사위원회에 따르면, 후쿠시마 현과 그 주변에 위치한 4개 현의 2900만 제곱미터에 달하는 토지가 방사성 물질에 오염되었다고 한다. 토양 속에 침투한 방사성 물질 세슘을 제거하자면 오염된 지역의 지표 5센티미터 정도를 파서 옮겨야 하는데, 그러기 위해서는 도쿄돔 80개를 채울 수 있는 1억 세제곱미터에 해당하는 양의 흙을 걷어내야 하는 것으로 알려졌다. 그뿐 아니라 이렇게 걷어낸 흙을 어디에 저장할 것인가도 해결해야 할 문제이다.

중앙정부에서는 이 방사성 물질로 오염된 흙을 보관할

임시 보관설비를 설치할 것을 제안하고 있지만, 이를 후쿠시마 지방정부가 반대하고 있다고 한다(《내일신문》, 2011년 9월 29일). 토양 오염은 그 지역에서 수확한 쌀 등의 농산품 오염으로 이어질 수 있다.

그러나 방사성 물질은 토양만 오염시키는 것이 아니다. 일본원자력연구개발기구 등은 후쿠시마 제1원자력 발전소에서 바다로 흘러든 방사성 물질의 양이 1.5경 베크렐에 이른다고 추정했다. 3월 21일부터 4월 30일까지 후쿠시마 원전 앞바다에 유출된 방사성 물질은 방사성 요오드131이 1경 1400조 베크렐, 방사성 세슘137이 3600조 베크렐에 이른다고 추산해 발표했다(《한겨레》, 2011년 9월 9일). 방사성 물질에 의한 바다오염은 해양생물들의 삶에 영향을 미치고, 그로 인한 식량위기를 가중시키게 된다.

일본 내에서는 원전사고로 인한 영향들이 속속 드러나면서 '핵발전 중단'을 요구하는 목소리가 높아지고 있다. 지난 9월 19일에는 도쿄에서 6만 명이 넘는 시민들이 참여한 '반원전 시위'가 벌어졌다. 이 시위는 1980년대 이후 최대 규모였고, 시민들은 정부에 원전 중단을 요구하며 탈원전 1000만인 서명운동을 벌여 나갈 것을 결의했다. 시민들의 이러한 요구로 일본의 에너지 전환이 이루어질 수 있을지, 앞으로 지켜보아야 할 것이다.

포스트 후쿠시마 시대의 원전 정책

후쿠시마 핵발전소 사고는 몇몇 핵발전 국가들의 정책 변화를 앞당겼다. 가장 급진적인 변화를 보인 나라가 독일이다. 제1원자로 폭발이 있은 직후인 3월 14일, 독일 정부는 7군데의 노후된 핵발전소 가동을 즉각 중단시키고 핵발전소 안전에 대한 실사를 하기 시작했다.

후쿠시마 원전사고 직전에 독일 정부는 1998년 사민당-녹색당의 연방정부에서 합의한 2021년까지의 탈원전 정책을 후퇴시키는 원자력 수명연장을 성공시켰고, 이에 따른 법안도 정비한 상태였다.

그런데 후쿠시마 사고는 독일의 이런 정치적 행보에 전환을 가져왔다. 가동 중단과 더불어 독일 총리는 사민당-녹색당 연방정부 시기의 탈원전 노선으로 회귀할 것을 시사하면서 이에 대한 사회적 합의를 도출하는 위원회를 구성했다. '안전한 에너지 공급을 위한 윤리위원회'를 구성해 학계, 종교계, 업계 대표들이 참여하도록 하고, 원자로 수명연장 및 탈원전 정책을 전면적으로 검토하게 한 것이다.

지난 5월 31일, 이 윤리위원회는 2021년까지 모든 원자력 발전소 폐쇄를 지향하는 탈원전 정책 실시를 정부에 제안했다.

정부는 이 위원회의 제안을 수용하기로 하고, 2022년까지 핵발전소를 모두 폐쇄할 것을 공식적으로 선언했다. 24퍼센트의 전력을 핵발전에 의존하고 있는 독일에서의 이 선언이 갖는 의미는 매우 컸다.

현재 독일은 탈원전, 에너지 전환의 행보를 가속화하기 위한 노력들을 다각적으로 하고 있다. 정부 차원에서 지난 6월 6일 〈에너지 전환을 위한 핵심 사안들〉이라는 문서를 통해 앞으로 추진할 주요 정책을 밝혔다. 재생가능 에너지의 공급체계 구축에 필요한 구조를 마련해갈 것, 기후변화에 대응하며 에너지 효율 등에 필요한 기술 혁신과 발전에 매진할 것, 에너지 전환으로 얻을 수 있는 경쟁력을 활용해 기술에 기반한 성장을 추구할 것 등등이다.

동시에 정부에서는 재생가능 에너지와 전력망 확충을 가속화하는 데 필요한 10개의 법을 제정 혹은 개정했다. 재생에너지 연구와 저장기술 개발 및 건물 개보수 등에 들어갈 재정 확보를 위해 지난 7월에는 '에너지-기후 펀드'가 조성되기도 했다. 태양광 등 개인들의 재생에너지 설비 융자를 담당하는 은행의 예산 역시 대폭 확충되었다. 이런 제도적 정비와 연구, 투자의 병행으로 독일의 재생가능 에너지 보급은 더욱 빨라질 전망이다. 현재 독일은 20퍼센트의 전력을 재생가능 에너지원으로 생산하고 있다.

독일보다 핵발전 전력 비중이 높은 스위스 정부에서도 원전 폐쇄를 결정했다. 스위스는 현재의 전력 비중에서 핵발전이 40퍼센트를 차지하고 있다. 그러나 스위스 정부는 25년 후인 2034년에 수명이 다하게 될 5기의 노후 원전을 폐쇄하기로 결정했다. 원전의 점차적인 축소는 기술적으로도 가능하고 경제적인 관점에서도 가능한 것으로 보는 것이다. 또한 핵발전으로 생산되는 전력은 에너지 효율과 수력발전 확대, 그리고 화석연료로 대체 가능하다고 보고 있다.

이탈리아에서는 체르노빌 원전사고 직후에 시행된 1987년의 국민투표를 통해 핵발전을 모두 폐쇄했었다. 그러나 2008년부터 핵발전 재개를 두고 국민투표를 계획하고 있었고, 벨루스코니 정부는 2030년까지 핵발전을 현재 발전량의 25퍼센트까지 늘릴 계획을 세우고 있었다. 그런데 후쿠시마 사고 이후 6월 13일과 14일에 시행된 국민투표에 50퍼센트 이상이 참여했고, 이들의 95퍼센트가 핵발전 계획에 반대함으로써 핵발전이 없는 국가로 남게 되었다. 현 정부의 계획이 후쿠시마 이후 여론을 반영한 국민투표로 좌절된 것이다.

사고 국가인 일본에서는 현재 54기의 원자로 중 38기가 가동이 중지된 상태이다. 사고로 인한 전력손실을 거대 에너지

소비업체 등에 전력소비를 15퍼센트 감축하게 함으로써 대응하고 있는 상황이다. 정부 차원에서 핵발전 정책에 대한 재검토가 시작된 것이라고도 할 수 있다.

사고 직후 도쿄전력에서 4월에 가동할 예정이던 히가시다오리 1호기 핵발전소 완공을 연기하는 것을 시작으로 그동안 진행 중이던 원자로 건설이 중지되었다. 경제통산성에서는 14기의 신규 원전을 포함한 기초 에너지 정책에 대한 전면 검토를 위해 지난 5월에 포럼을 조직했다. 핵에너지위원회에서도 핵에너지 정책 프레임워크 수정 작업을 중단했다. 기본 에너지 계획과 관련해서 간 전 총리는 핵심 에너지원으로 재생에너지를 추가하고 에너지 절약 사회를 구축하는 것이 에너지 정책의 근간임을 밝힌 바 있다. 즉, 자연에너지 비중을 20퍼센트까지 올리고 에너지 효율을 높이는 것을 에너지 정책의 근간으로 받아들이겠다고 한 것이다. 그러나 간 총리의 계획은 새로운 총리가 등장하면서 실행 여부가 불투명해졌다.

한편으로는 민간 차원에서 정부의 정책 선회를 요구하는 목소리들이 높아지면서 정책 변화가 조금씩 이루어지고 있다. 소프트뱅크 대표 손은 자연에너지 재단 설립을 선언하면서 10억 엔을 출연하기로 했고, 지속가능에너지정책연구소 소장인 테츠나리 이이다는 전 세계에서 100명의 전문가들이 참여하게 될 '재생에너지 재단'을 출범시킬 예정이다. 국회에서는 8월 26일 '재생에너지 특별법'이 통과되어 재생에너지로 생산된 전기를 전력회사가 고정 가격으로 전량 매입하도록 했다. 이러한 노력은 '에너지 감축'과 '재생에너지 확대'라는 에너지 전환 정책으로 조금씩 선회하고 있음을 보여준다.

그런데 전력의 75퍼센트를 핵발전으로 충당하고 있는 프랑스의 경우 '탈핵발전'이 불가능하며, 정부의 의지도 없다. 프랑스 정부에서는 오히려 핵발전소의 안전을 위한 정책들에 대한 투자를 늘려갈 계획이다. 58기 원자로들은 수명이 끝나는 대로 새로운 원자로로 대체할 것이며, 2012년에는 1기를 추가로 더 건설할 계획이다. 또한 중국에서도 잠정 중단했던 신규 원전 건설을 2012년 초부터 재개할 것으로 보인다.

세계 전체로 보면 일부 국가들의 핵발전 정책 유지에도 불구하고 탈핵발전을 선언한 국가들이 늘어나면서 핵발전의 퇴조 경향이 뚜렷해지고 있다. 물론 후쿠시마 원전사고 이전에도 이런 경향은 보이고 있었다. 미국의 경우를 보면 2004년부터 2009년까지 재생에너지 설비를 위한 추가 증설이 2퍼센트에서 55퍼센트로 증가했지만, 핵발전소 설비 증가는 전혀 없었다. 2008년에는 처음으로 전 세계적으로 한 대의 원자로도 추가 건설되지 않았다. 2010년에는 재생에너지 설비 총량이 381기가와트(GW)로, 핵발전소 설비 375GW를 넘어서게 되었다.

핵발전으로 공급되는 전력량도 2009년에는 전년도에 비해 2퍼센트 줄어들었다. 후쿠시마 원전사고 이후로 원자로 수명 연장에 대해 각국들이 신중하게 대처하게 된다면 노후한 핵발전소들의 폐쇄는 늘어갈 전망이고, 현재 평균수명 26년을 기록하고 있는 전 세계의 핵발전소가 전력공급에서 차지하는 비중은 더 줄어들 수 있다. 그 대신 재생가능 에너지의 확대가 가속화되면서 핵발전으로 공급되는 전력을 점차 대체하게 될 것으로 보인다.

2011년에 발간한 IPCC(기후변화에 관한 정부 간 패널. 유엔 산하의 국제 협의체이다) 보고서에 따르면, 재생가능 에너지의 설비에 들어가는 비용도 계속 낮아지고 있다. 태양광 모듈 가격은 1980년에 1와트(W)당 22달러에서 2010년에 1.5달러로 떨어졌다. 인도 태양광 시장의 경우, 2017년에 이미 발전 단가가 화석에너지와 비슷해질 것이라는 전망도 나오고 있다. 이런 경향들은 원자력 발전에서 재생가능 에너지 시대로의 전환이 도래함을 시사해준다.

에너지의 전환 시대에 여전히 견고한
한국의 핵발전 체제

　　현재 한국에서 가동되는 원전은 총 21기이다. 설비 용량은 18.7기가와트로 세계 6위에 이르며, 가동률이 높아서 한국은 발전량이 세계 5위에 이르는 핵발전 강국이라고 할 수 있다. 총 전력 생산에서 핵발전이 차지하는 비중도 34퍼센트로 프랑스, 우크라이나, 스웨덴에 이어 4위를 차지하고 있다. 전 세계 발전에서 핵발전이 차지하는 비중이 13.5퍼센트인 것을 고려하면 두 배 이상 높다고 할 수 있다.

　　한편 발전시설의 밀집도를 보여주는 국토면적 대비 발전 설비 용량을 보면 한국은 182.8(kW/km^2)로, 58기의 원자로가 가동 중인 프랑스의 115.2에 비해 높은 것을 알 수 있다. 좁은 국토에 비해 아주 많은 원자로가 가동되는 것이다. 그 예로 울진발전소는 6기의 원자로가 가동 중인데, 주변의 인구 밀집도 역시 높아서 후쿠시마와 같은 사고가 국내에서 일어날 경우에 그 피해가 훨씬 큰 것으로 나타났다. 또한 미국의 국방부 컴퓨터 모델 예측을 근거로 한 자료를 보면, 고리 1호기에서 체르노빌과 같은 사고가 발생할 경우에 현장 사망이 3864명, 방사성 물질 피폭 등으로 10년 이내에 사망하는 숫자는 3만 9100명에 달할 것으로 예측했다(《신동아》, 2011년 4월).

　　정부는 2010년 5차 전력수급 계획을 발표하면서 2024년
까지 원자로 14기를 더 건설하고 설비 비중을 32퍼센트, 발전량
비중을 48.5퍼센트로 확대할 예정이라고 했다. 후쿠시마 사고 이
후에도 정부의 원전 확대 계획은 변화가 없다. 오히려 이명박 정
부는 핵발전이 기후변화 시대에 가장 적합한 에너지원임을 들어
국가 전략산업의 입지를 강화하고 있다.

　　지난 9월 22일에 있었던 66차 유엔 총회에서도 이명박 대
통령은 안전한 원자력 활용이 환경과 성장을 동시에 이루는 녹
색 성장의 핵심임을 밝혔다. 아울러 아랍에미리트 원전 수출 성
공을 토대로 원자력발전소 수출을 강화하기 위한 정부의 노력도
중단 없이 지속되고 있다. 1992년 원자력 자립기술 계획이 세워
진 이후로 한국형 원자로 개발에 대한 정부의 대대적인 지원은
계속되었고, 정부는 아랍에미리트 수출 성공이 이런 지원의 결
과라고 인식하고 있다.

　　1997년부터 2009년까지 원자력 연구개발 사업에 투입된
연구비는 총 2조 3662억 원에 달하는 한편, 1988년부터 2009년까
지 신재생에너지 기술 개발에 대한 투자는 9606억 원에 불과하
다. 원자력기술 개발에 대한 직접투자 이외에도 정부는 기술인
력 양성을 위한 다양한 프로그램을 개발, 지원을 강화하고 있다.

세계적인 변화와 정반대로 신성장 동력 산업으로서의 원자력산업이 강화되고 있는 것이다.

원전 확대를 지속하고자 하는 정부는 국내 원전이 안전함을 강조하고 있다. 1990년에 안전기술원이 설립되고 1997년에는 원자력안전위원회도 설치되었으며, 2009년에는 원자력안전종합계획도 수립되어 원전 안전대책이 마련되어 있다는 것이다. 그러나 안전과 연관된 규제 기관들은 원자력발전 진흥을 담당하는 교과부에 소속되어 있어 독립적인 기능을 수행하지 못하고 있다.

실제로 영광 원전의 경우, 20여 년 동안 '증기발생기 세관 결함' 등의 크고 작은 고장이 일어났다. 그러나 이들 사고에 대한 정보 제공이 투명하지 못했다. 후쿠시마 사고 이후에 우리 정부는 원전 안전에 대한 사회적 인식이 높아지자 마지못해 대통령 직속기관으로 원자력안전위원회를 설치하기로 결정했다. 하지만 원자력산업회 부회장 등을 역임하며 원자력 업계를 대변하는 인사가 이 위원회의 위원장으로 임명됨으로써 정부의 안전정책 의지는 곧바로 퇴색되었다. 후쿠시마 이후 원자력발전소에 대한 철저한 안전검사를 생략한 것도 정부의 안전정책 부재를 말해주고 있었다.

사고 위험이 증가한다는 것 이외에 정부의 원자력 확대

정책은 에너지 소비에서 심각한 왜곡을 초래한다는 점에서도 비판을 받고 있다. 원자력발전소는 석탄이나 천연가스를 이용하는 화력발전소보다 연료의 비용이 저렴하지만, 수시로 변하는 전력 수요에 맞추어 전력 생산을 조절할 수가 없다. 이런 이유 때문에 기저부하를 담당하고 있는데, 원자력발전의 비중이 늘어날수록 출력 조절의 어려움으로 인해 남는 전력의 문제가 등장하게 된다.

1980년대에 한국은 원전 설비가 늘어나면서 공급예비율이 55퍼센트에 달하는 설비 과잉을 초래했다. 이에 정부에서는 인위적인 전력수요 확대 정책을 펴서 이를 해소하고자 했다. 즉, 전기요금 인하 정책을 펴면서 심야전력제도를 도입했던 것이다. 심야전력으로 산업계는 주택요금의 절반 정도의 전기요금으로 전력을 사용할 수 있게 되었다. 이런 정책은 1990년대 전력소비 증가에 따른 전력 부족 사태를 초래했고, 이 부족분은 또다시 원전 설비를 늘리는 원인으로 작용하게 되었다. 원전 중심의 전력 정책은 한국의 에너지 다소비를 고착화하는 결과를 가져온 것이다. 게다가 우리 사회는 아직 방사성 폐기물 처리에 대한 해법도 갖고 있지 못하다.

원전사고로 인한 재앙의 파국을 피하고 기후변화 대응에 역행하는 에너지 다소비 체제를 새로운 체제로 전환하기 위해서

라도 지금의 핵발전 확대 정책은 재검토되어야 한다. 서울의 값싼 전력을 제공하기 위해 부산에 있는 고리 원전 인근의 주민들이 사고위험에 항시 노출되는 부정의한 핵발전에 우리 에너지의 미래를 맡기기는 어렵다.

현재 재생가능 에너지 기술의 발전은 핵발전 없이도 미래를 설계할 수 있음을 보여준다. 독일 등 지구촌 곳곳에서 전개되는 에너지의 전환도 우리가 맞이하는 현실이며, 더 늦기 전에 우리도 이 대열에 동참해야 할 것이다.

한국의 반핵운동
_체르노빌에서 후쿠시마까지

김혜정 환경운동연합 일본원전사고 비상대책위원장

1980년대 중후반 구소련의 체르노빌 원전사고 이후 시작된 한국의 반핵운동은 정부의 원전 확대 정책에 맞서 수많은 활동을 벌여왔다. 그러나 반핵운동의 성과는 원자력발전 위주의 에너지 정책을 전환하는 데까지 나아가지는 못했다.

그 결과 위험천만한 원자력발전이 '기후변화의 대안'이자 '안전하고 깨끗한 에너지'로 위장되어, 초중고 교과서는 물론 텔레비전 광고와 드라마에까지 등장하고 있는 실정이다. 아직 한국의 반핵운동은 이러한 사회적 인식을 바로잡을 만한 수준에 미치지 못하기 때문이다. 이러한 상황에서 일본 후쿠시마 원전

사고를 분기점으로, 한국의 탈원전과 에너지 전환으로의 길은 전적으로 지금 세대의 몫으로 남아 있다.

【체르노빌~후쿠시마 이전까지】

* 1987년 전남 영광 어업피해 보상운동이 첫 시발점

한국에서 처음으로 원자력발전에 대한 문제제기가 시작된 곳은 전남 영광이었다. 1987년, 원자력발전소 인근 주민들이 원전 가동에 따른 어업피해 보상을 요구하며 원전 반대운동을 일으켰다. 원전에서 배출되는 온배수로 인해 급격한 어업피해가 발생했기 때문이다. 이어서 1988~1989년에 고리와 영광 원전에서 일하던 노동자들이 방사능에 피폭되어 암으로 사망하거나 기형아를 출산하는 등의 사고들이 연달아 발생했다.

* 1989년 '원전 건설 반대'로 본격적인 반핵운동 돌입

본격적인 반핵운동은 1989년 4월, 환경보건의료단체와 지역주민대책위가 연대하여 결성한 '전국핵발전소추방운동본부'와 '핵발전소 11, 12호기 건설반대 100만인 서명운동본부' 결성에서 시작되었다.

* 1989~2003년에 치열했던 '핵폐기물처리장 반대운동'

1989년 3월 경북 영덕에서 시작된 핵폐기물처리장 반대운동은 충남 안면도(1990), 강원 고성(1991), 양양, 울진, 장흥 등 6개 핵폐기장 후보지역(1991)과 굴업도(1994), 전북 부안 위도(2003) 등에서도 치열하게 펼쳐졌다.

* 1980~90년대의 신규 원전건설 반대운동

핵폐기장 반대운동이 진행되는 동안 신규 원전건설 반대운동 또한 활발하게 전개되었다. 정부가 1991년 6월에 전남 6개 지역과 강원 삼척, 경북 울진 등 전국 9개 지역을 신규 후보지로 발표한 이후, 이들 지역은 오랜 기간 동안 원전 반대운동을 벌였다. 그 결과 정부의 신규 원전건설 계획을 막아냈다.

그러나 정부와 원전업계는 1998년 12월에 전국 9곳의 신규 원전 후보 부지를 백지화하는 대신, 기존의 원전 부지 바로 옆에 신규 후보지를 지정하는 방식으로 원전 확대 사업을 추진해 왔다. 새로운 지역에 원전 건설을 추진하면 할수록 주민들의 반발과 반핵 여론만 조성된다고 판단한 정부는 기존의 원전 부지 인근에 추가로 건설하는 방법을 택했으며, 이것은 큰 저항 없이 추진되었다.

이를 통해 얻을 수 있는 결론은, 가장 쉽게 원전 증설이 가능한 곳은 바로 원전이 가동되는 지역이었다. 원전이 가동되는 지역의 주민들은 아무리 노력해도 이미 가동된 원전을 끄거나 중단시킬 수 없다는 것을 알고 있다. 또한 지역주민들은 6~7년의 원전 건설 기간 동안 형성되는 건설경기 등에 관심을 기울이는 등, 원전이 문제가 있다는 것을 알면서도 건설경기가 잠시 부양되는 기억을 잊지 못하는 등 마약효과에 빠지는 한계에 봉착한 것이다.

* 2005년 한국 반핵운동사의 분기점, 경주 핵폐기장 확정

1980년대와 1990년대를 거치면서 정부와 원전산업계는 핵폐기장과 신규 원전 추진 방식을 바꾸었다. 2003년 부안 핵폐기장 부지선정 계획이 무산되자 2005년에 주민투표법과 '중저준위 방사성 폐기물 처분시설의 유치지역에 관한 특별법'을 제정한 것이다. '3천억 원+알파'라는 지역지원금 지원과 주민투표를 통해 핵폐기장 후보지를 결정하겠다는 내용이었다.

결국 경주·영덕·포항·군산 등 4개 지역의 지자체장이 신청해 주민투표에 붙여졌다. 경제적 유인책을 통한 핵폐기물처리장 부지선정은 지역 간의 경쟁을 통해 경주로 확정되었다. 비록 금품 향응 제공 등의 부정선거가 횡행했지만, 경주 방폐장 부지 확정은 절차적으로는 '주민 찬성'이라는 분위기 속에서 추진되었다. 그 여파로, 경쟁에서 탈락한 지역에서는 반핵운동을 벌였던 주민들이 오히려 지역사회에서 비난을 받는 등 고통을 겪었다.

환경단체도 주민투표 방식을 통한 핵시설 유치라는 새로운 상황에서 활동의 무력함을 드러냈으며, 이는 추후의 반핵운동에도 큰 영향을 미쳤다. 지역주민들과 함께 성장한 반핵운동이 그 주축이 무너지면서 극명한 한계를 드러낸 것이다. 또한 주민들의 찬성 속에서 추진된 경주 방폐장 사업은 이후 반핵운동에 깊은 패배감을 안겨주었다.

한국의 반핵운동에서 큰 분기점이 되었던 시기는 바로 2005년 경주 방폐장 지정 이전과 이후라고 할 수 있다. 그리고 이제 후쿠시마 이전과 이후의 시기로 접어들었다.

* 2010년 신규 원전확대 반대운동

정부는 1992년에 원자력문화재단을 만들어 자본과 권력을 통해 대대적으로 원전 홍보를 전개한 결과, 대성공을 거두게 된다. 이러한 분위기를 타고 2010년에는 한국수력원자력㈜이 동해안의 삼척과 영덕, 전남 고흥과 해남 지역을 신규 원전 후보지로 지정했다. 고흥과 해남 지역은 후보지 선정 발표가 나오자마자 반대대책위가 만들어지면서 유치 신청이 무산되었다. 그러나 동해안 지역에서는 오히려 울진까지 가세해서 원전 유치 신청을 하는 상황이 발생했다. 이 지역들의 경우, 과거에 핵폐기장 반대운동(영덕)과 핵폐기장과 신규 원전 반대운동(울진과 삼척)을 강력하게 전개했던 곳이다. 그래서 이들 지역의 유치 신청은 그야말로 원자력 르네상스가 성공적으로 부활되었음을 드러내준 사건이었다.

【2011 후쿠시마 원전사고 이후】

* 삼척 원전 건설과 수명연장, 방폐장에 대한 우려 두각

후쿠시마 원전사고 이후, 신규 원전후보지 유치 경쟁을 벌이던 동해안 지역에서 변화가 일어나기 시작했다. 시장과 시의회가 가장 강력하게 유치 활동을 벌였던 강원도 삼척에서 가장 큰 변화가 확인되었다. 후쿠시마 사고 이후에 4월 재보선 강원도지사 보궐선거가 진행되면서 신규 원전 문제가 정치적 이슈로까지 부각되었다.

후쿠시마 원전사고 이후 삼척·영덕·울진 등 3개 지역에서 원전유치에 대한 반대여론이 형성되고 있는 가운데, 정부와 한국수력원자력㈜은 2011년 6월 중에 두 곳의 후보지를 확정하려는 애초의 계획을 잠정 유보한 상태이다. 또한 '월성 1호기 수명연장 반대'와 불안정한 지반에 건설되고 있는 '방폐장 건설 중단'을 요구하는 지역민들의 목소리도 나오고 있다. 물론 이 지역은 한국수력원자력㈜ 본사의 동(東)경주 이전이 원래대로 진행되면 모든 주장을 접을 가능성이 높다.

　　그러나 이러한 현상은 고리나 울진 원자력발전소 인근 지역에서도 공통적으로 나타나는 현상이다. 원전에 대해서 이중적인 태도를 보일 수밖에 없는 것이 현재 지역주민들의 모습이기 때문이다. 지역주민들 스스로 원전을 인정하거나 몰아내야 하는 한국 사회에서 탈(脫)원전이란, 지역주민의 힘만으로는 절대 불가능하다. 고리·월성·울진에서 원전 건설이 추가로 추진되는 일이 쉬운 이유도 바로 이런 자포자기적인 정서와 지역 경제가 원전에 종속되어 있기 때문이다.

* 인근 대도시 주민들의 자기문제화

　　고리 원자력발전은 행정구역이 부산이지만, 부산 시민들은 고리 원전을 자신들의 일로 여기지 않았다. 그러나 후쿠시마 사고 이후 부산 시민들은 긴장하기 시작했다. 여론조사 결과 부산 시민의 62.5퍼센트가 '고리 원전이 지진으로부터 위험하다'고 인식했고, '고리 1호기를 폐쇄해야 한다'는 여론도 43퍼센트를 차지했다. 인접지역인 울산에서도 고리 1호기와 2011년 수명연장 결정을 앞둔 월성 1호기 등 노후한 원전의 폐쇄와 신규 원전 반대 운동을 활발하게 전개하고 있다.

부산지역에서는 국회의원과 4개 시군구 의회에서 '고리 원전 1호기 폐쇄 결의안 채택' 등 지역정치권의 활동과 더불어 '고리 핵단지화(2024년까지 12기 가동 예정)'에 대한 반대여론이 조성되고 있다. 울산시의회와 울주군의회도 '고리 1호기 폐쇄와 월성 1호기 수명연장 반대', '신규 원전 재검토'라는 결의안을 채택했고, 울산시 북구도 결의안을 준비하고 있다.

* 구경꾼이 아니라 탈원전의 주체로 나서는 시민사회

후쿠시마 원전사고 이후 서울과 부산·울산 등 시민사회에서는 긴급하게 공동대책기구를 만들었다. 서울지역에서는 53개의 환경시민단체들로 구성된 '핵정책전환공동행동'이 발족되었다. 고리 원전이 있는 부산에서도 '반핵부산대책위원회'가 만들어졌고, 고리 원전과 월성 원전의 중간에 있는 울산에서도 '신규 원전과 수명연장 반대 공동대책위'가 결성되었다.

독일을 비롯한 유럽 국가들은 체르노빌 사고를 통해 탈원전 사회를 준비해왔다. 체르노빌 이후 보수적 인사를 포함해 수많은 사람들이 '원전 찬성에 대한 반성'을 통해 자신들의 사회를 탈원전 사회로 바꾸는 중요한 역할을 했다. 그것이 탈원전 사회를 준비하는 큰 힘이다. 후쿠시마 원전사고는 우리 모두에게 중요한 교훈을 남겼으며, 우리 사회 구성원들이 구경꾼에 머물기보다 탈원전의 주체로 나설 것을 요구하고 있다.

국내 탈원전운동 시민단체

가톨릭환경연대 www.cen.or.kr
환경운동연합 kfem.or.kr
기독교환경운동연대 www.greenchrist.org/
녹색교통운동 www.greentransport.org
녹색연합 www.greenkorea.org
생태지평 www.ecoin.or.kr
에너지기후정책연구소 www.enerpol.net
에너지나눔과평화 www.energypeace.or.kr/
에너지전환 www.energyvision.org
에너지정의행동 www.eco-center.org
여성환경연대 www.ecofem.or.kr
환경정의 www.eco.or.kr

지리산초록배움터 http://cafe.daum.net/energyschool
대안기술센터 www.atcenter.org
초록교육연대 cafe.daum.net/educationofhope
부안시민발전소 www.buanpower.tistory.com

환경과 생명을 지키는 전국교사모임 http://chamsil.eduhope.net
환경과 공해 연구회 http://www.ecoi.or.kr/

영광군 농민회 전라남도 영광군 영광읍 신하리 834-5 (TEL 061-353-6506)
경주핵안전연대 민주노동당 경주시 지역위원회 홈페이지 참고 http://www.gbkdlp.
org/local_home.php?local=gj21
반핵부산시민대책위원회 http://cafe.naver.com/nonukesbusan
탈핵울산시민공동행동 울산환경연합 홈페이지(http://www.ulsankfem.or.kr) 참고
삼척핵발전소(핵단지) 유치 백지화 위원회
삼척시 남양동 33-11번지 롯데리아 3층 (TEL/FAX 033-575-1348)
핵으로부터 안전하게 살고 싶은 울진 사람들
'새로운 울진 사람사는 세상(http://mynoori.pe.kr)' 홈페이지 참조
영덕 핵발전소 유치 백지화투쟁위원회
대구환경운동연합 홈페이지 참조(http://www.kfem.org/86029)

자료 제공: 에너지기후정책연구소(T.02-6404-8440)

참고문헌

BMU (Bundesministerium für Umwelt, Naturschutz und Reaktorsicherheit) (Hrsg.): »Die Energiestudie« – Vergleich wegfallender Atomstromproduktion mit zusätzlicher EE-Stromproduktion jeweils seit 2000. Präsentation Nestle, Uwe. Berlin 2009.

Cochran, Thomas B./Paine, Christopher E.: Statement on Nuclear Energy Developments Before the Committee on Energy and Natural Resources. Washington DC 2009.

Cooper, Mark: The Economics of Nuclear Reactors: Renaissance or Relapse? South Royalton (Vermont) 2009.

Fischer, Bernhard/Hahn, Lothar/Küppers, Christian: Der Atommüll-Report. Hamburg 1989.

Fraunhofer IWES: Dynamische Simulation der Strom versorgung in Deutschland nach dem Ausbauszenario der Erneuerbaren-Energien-Branche. Abschlussbericht. Kassel 2009.

Gesellschaft für Anlagen- und Reaktorsicherheit (Hrsg.): Schutz der deutschen Kernkraftwerke vor dem Hintergrund der terroristischen Anschläge in den USA vom 11. September 2001. Zusammenfassung. Köln 2002. www.bund.net/fileadmin/bundnet/pdfs/atomkraft/ 20021127_atomkraft_grs_gutachten_zusammenfassung.pdf

Gesellschaft für Anlagen- und Reaktorsicherheit (Hrsg.): 3. Ergänzung der Kurzinformation zu einem Ereignis im schwe - dischen Kernkraftwerk Forsmark, Block 1, am 26.07.2006: »Nichtstarten von zwei Notstromdieseln beim Ausfall der Netzbindung«. Köln 2006.

Heinrich-Böll-Stiftung (Hrsg.): Mythos Atomkraft – Ein Wegweiser. Berlin 2006.

Kaplan, Stan: Power Plants: Characteristics and Costs, CRS Report for Congress, RL34746. Washington DC 2008.

Massachusetts Institute of Technology (MIT): The Future of Nuclear Power: An Interdisciplinary MIT Study. Cambridge 2003.

Meyer-Abich, Klaus Michael/Schefold, Bertram: Die Grenzen der Atomwirtschaft. München 1986.

Mez, Lutz/Schneider, Mycle/Thomas, Steve (Hrsg.): International Perspective on Energy Policy and the Role of Nuclear Power. Multi Science Publishing. Brentwood 2009.

Miller, Peter: Our Electric Future – A Comeback for Nuclear Power. In: National Geographic, August 1991.

Möller, Detlev: Endlagerung radioaktiver Abfälle in der Bundes - republik Deutschland. Frankfurt a.M. 2009.

National Commission on Terrorist Attacks Upon the United States (Hrsg.): The 9/11 Commission Report. Official Government Edition. www.9-11commission.gov/

Prognos AG (Hrsg.): Renaissance der Kernenergie? Analyse der Bedingungen für den weltweiten Ausbau der Kern energie gemäß den Plänen der Nuklearindustrie und den verschiedenen Szenarien der Nuklearenergieagentur der OECD. Berlin/Basel 2009.

Radkau, Joachim: Tschernobyl in Deutschland?

In: Der Spiegel 20/1986.

Sachverständigenrat für Umweltfragen (Hrsg.): Weichenstellungen für eine nachhaltige Stromversorgung. Thesenpapier. Berlin 2009.

Schneider, Mycle: Der EPR aus französischer Sicht. Memo im Auftrag des BMU. Berlin 2004.

Solar-Institut Jülich/FH Aachen (Hrsg.): Zwischenbericht: Struktur und Dynamik einer Stromversorgung mit einem hohen Anteil erneuerbarer Energieerzeuger. Energiestudie. Berlin 2009.

Squassoni, Sharon: The US Nuclear Industry: Current Status and Propects under the Obama Administration. Nuclear Energy Future Paper, November 2009. Waterloo (Canada) 2009.

Traube, Klaus: Plutonium-Wirtschaft? Hamburg 1984.

UK Department for Business, Innovation and Skills (Hrsg.): UK Renewable Energy Strategy Consultation 2008. Log Number 00407e, Organisation: E.ON. www.google.com/search?q=%22Renewable+Energy+Strategy+Consultation%22+E.on+00407e&sourceid=ie7&rls=com.microsoft:en-US&ie=utf8&oe=utf8

WWF Deutschland: Modell Deutschland – Klimaschutz bis 2050; erstellt von Prognos AG/Öko-Institut/Dr. Hans-Joachim Ziesing. Berlin 2009.

Ziehm, Cornelia: Ohne Endlager keine Laufzeitverlängerung – zur Rechts- und Verfassungswidrigkeit einer Laufzeitverlängerung. Berlin 2010.